Grégori Coudert

20 ANS DE MARCHES FINANCIERS

Comprendre la réaction des marchés financiers face aux évènements économiques et sociaux

REMERCIEMENTS

Tout d'abord, je veux remercier ici l'assistante de recherche Lisa Langevin qui a travaillé avec moi pour construire ce livre sur les fluctuations des marchés financiers sur les vingt dernières années. Son sens du détail et sa réflexion sur le texte m'ont été d'une grande aide.

Je remercie également les nombreux amis qui ont lu les premières esquisses de ce livre et avec qui j'ai pu m'entretenir sur le sujet.

Enfin je dédie ce livre à ce professionnel de la finance qui travaillait dans le World Trade Center, avec qui j'étais en contact quotidiennement et plus particulièrement le 11 septembre 2001 et dont je n'ai plus jamais entendu parlé.

Avant-propos

Pourquoi ce livre ?

Cet ouvrage est un outil pratique permettant de suivre ses investissements en bourse et de comprendre la relation entre les évènements exogènes et les fluctuations des marchés financiers. Il retrace de manière chronologique les tendances économiques et les incidents ayant impacté les marchés mondiaux au cours des vingt dernières années.

Ce livre s'adresse aux étudiants, aux personnes désirant s'informer sur les marchés financiers et aux professionnels de la finance. Les étudiants y trouveront les grandes tendances économiques qu'ils doivent connaître et leurs influences sur les marchés financiers. Les particuliers pourront mieux comprendre et synthétiser les évènements passés qui ont impacté leurs investissements. Enfin, les professionnels de la finance trouveront un intérêt certain à se replonger dans ces périodes qu'ils ont traversées avec joie ou peine. Ce livre représente aussi pour ces derniers une aide méthodique sur les évènements économiques passés qui ont tendance à disparaître de la mémoire.

Comment lire ce livre ?

On trouve de nombreuses définitions des marchés financiers dans les livres ou sur internet, mais que représentent-ils concrètement ?

Les marchés financiers sont la rencontre de l'opinion et de la prise de décision de millions d'investisseurs qui convergent en un seul point pour donner la valorisation (le cours) d'un actif (indices boursiers, actions d'entreprise, matières premières, obligations, ...).

Sur les vingt dernières années, on observe de grandes tendances de contraction et d'expansion de l'activité économique dans les pays développés et émergents. L'impact de ces variations est décisif puisqu'elles affectent fondamentalement les valorisations des entreprises et donc celles des indices boursiers mondiaux.

En plus de ces mouvements de fond, on distingue certains évènements ponctuels, comme des attentats, des catastrophes sanitaires ou naturelles... Ces évènements bénéficient souvent d'une importante couverture médiatique qui majore l'importance psychologique de l'événement, mais brouille la perception des investisseurs et l'importance de l'impact de l'événement sur les entreprises. Ces accidents augmentent le niveau de volatilité des actifs financiers mais n'ont souvent qu'un impact limité sur la valorisation des entreprises.

Les deux parties de l'ouvrage commencent par une courbe graphique de l'évolution des principaux indices financiers mondiaux. Dans la première partie, la courbe est divisée en cinq grandes tendances, suivies des textes qui les expliquent. Dans la seconde partie, le graphique est annoté lorsque la volatilité augmente (pics et chutes abruptes) et les renvois donnent les explications de ces mouvements erratiques.

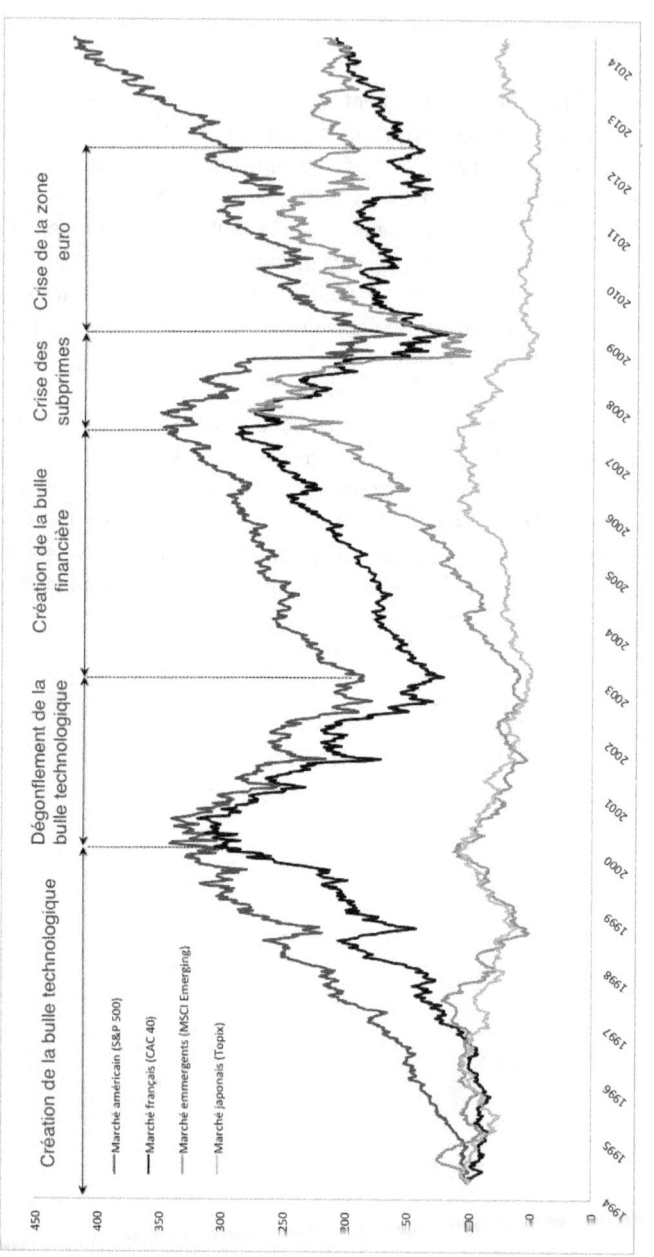

PARTIE I.

INFLUENCE DES GRANDES TENDANCES ECONOMIQUES SUR LES MARCHES FINANCIERS

I. De la nouvelle économie à la création de la bulle internet

La bulle technologique, appelée aussi bulle internet, est une bulle spéculative[1], formée à partir du milieu des années 1990.

Phases d'une bulle spéculative

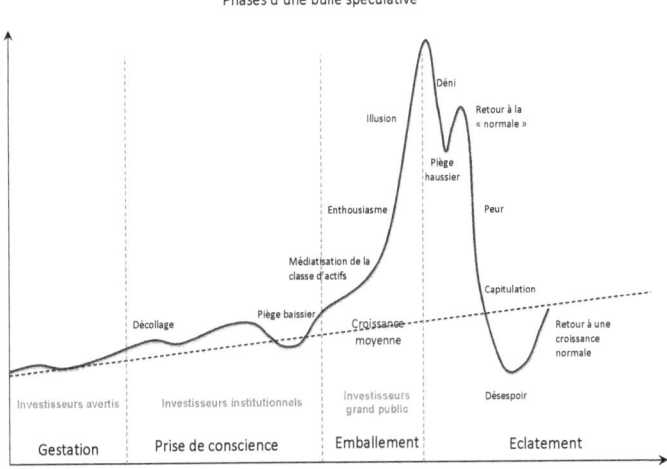

Source : Jean-Paul Rodrigue, Dept of Economics & Geography, US 2008

La dernière bulle financière du XXème siècle commence à se former au début des années 1990 : on l'appelle bulle des valeurs technologiques, ou « bulle internet ». Elle affecte dans un premier temps le marché actions des « valeurs des nouvelles technologies ». Les domaines concernés sont ceux liés à l'informatique, aux

---

[1] Bulle spéculative : c'est un pic dans la valorisation d'un actif causé par une forte demande. On constate la bulle à l'effondrement de la demande et par conséquent de la valorisation.

Télécommunications, Médias et Technologies de l'information qui se développent très fortement à l'époque. Ce nouveau secteur d'activité s'appelle le secteur des TMT (Techno, Médias, Telecom). Cette hystérie de croissance du secteur des nouvelles technologies s'est ensuite propagée aux autres domaines d'activités. L'exemple le plus flagrant est celui de la Compagnie Générale des Eaux (CGE), ancienne société de service aux collectivités (distribution d'eau, ramassage de déchets, transport) qui deviendra en quelques années sous l'impulsion de son PDG Jean-Marie Messier (J2M) un conglomérat mondial orienté principalement vers les médias : Vivendi.

Aux Etats-Unis, au début des années 90, on assiste à un développement important des start-up dans le domaine des TMT. Ce phénomène s'étend rapidement en Europe, les investisseurs étant particulièrement friands de ces nouvelles opportunités d'investissement annonçant la révolution industrielle du numérique.

A. Les prémices du développement de la bulle internet

En 1995, on observe les premiers signes du développement de la bulle, avec l'introduction en bourse de Netscape, le navigateur web qui domina le marché au milieu des années 90. Dans la deuxième partie de la décennie, il devient le navigateur le plus utilisé. Lors de son entrée en bourse, le cours de l'action Netscape passe, en une journée, de 28$ à 75$, soit une augmentation de 167%. Concurrencé par Internet Explorer, Netscape disparaitra en 2008 à la suite de la « Browser War », la guerre des navigateurs.

Pendant les 5 années suivantes, jusqu'en 2000, les investisseurs participent massivement au développement du domaine des TMT. La croissance du secteur a besoin de capitaux, ce qui engendre un grand volume d'émissions d'actions, d'obligations et de crédits bancaires pour financer la révolution industrielle. Les IPO [2] arrivent en grande quantité sur les marchés actions, pour d'un côté financer ces entreprises à la recherche de capitaux et de l'autre répondre à la demande croissante des investisseurs euphoriques, à la

---

[2] IPO : « Initial Public Offering » : introduction en bourse des titres d'une société.

recherche de la bonne affaire c'est à dire du futur Oracle ou Microsoft. S'instaure alors un réel déséquilibre entre l'augmentation de la valeur boursière de ces nouvelles entreprises et leur résultat économique.

Les valorisations financières ne cessent de croitre. Par exemple, l'indice NASDAQ[3], qui était de 1000 points au début de l'année 1995, a été multiplié par 5 en cinq ans, atteignant les 5000 points.

B. Les facteurs de développement de la bulle internet

A partir de 1995, le développement de la bulle internet s'accélère, pour plusieurs raisons :

❖ dans la plupart des pays de l'OCDE, le marché des télécommunications s'ouvre à la concurrence et se développe avec l'augmentation du volume de données transférées quotidiennement. Cela a pour effet de réorganiser ce nouveau secteur entrainant de nombreuses fusions-acquisitions et des besoins de financement,

❖ la population des pays développés acquiert de plus en plus de téléphones portables, d'ordinateurs et de matériel informatique en tout genre (imprimantes, assistants personnels, ...)

❖ le développement et l'utilisation et l'avènement du réseau internet à partir de 1994,

❖ le passage à l'euro et le passage à l'an 2000. En 1999, les entreprises investissent pour adapter leurs systèmes d'informations afin d'assurer leurs échanges sur les places financières et mettre en conformité leur comptabilité,

---

[3] NASDAQ : «National Association of Securities Dealers Automated Quotations". Le NASDAQ est le deuxième plus grand marché d'actions des Etats Unis, en volume traité après le New York Stock Exchange. Ce marché est spécialisé dans les entreprises de nouvelles technologies

❖ la politique monétaire est favorable aux Etats Unis et au Japon avec des taux d'intérêts faibles qui encouragent l'investissement et l'endettement,

❖ la population mondiale possède à l'époque un excédent d'épargne financière, due à l'épargne-retraite des baby-boomers,

❖ l'accroissement des plans de stocks options[4], qui favorisent les salariés, est aussi à l'origine de lourds scandales financiers, comme les affaires des sociétés Enron et Worldcom en 2001. Aux Etats Unis, la loi Sabarnes-Oxley mettra fin à ces dérives en apportant plus de transparence financière et de contrôle. En 2003, Bill Gates annonce la fin des plans de stock-options chez Microsoft, qui avaient permis aux premiers salariés de la société de s'enrichir substantiellement à tous les niveaux hiérarchiques de l'entreprise,

❖ les analystes financiers ont survalorisé les sociétés de nouvelles technologies (voir paragraphe sur le dégonflement de la bulle technologique krach des analystes financiers),

❖ l'utilisation de la méthode de valorisation goodwill : le goodwill, appelé survaleur en français, est un écart de valorisation entre le prix d'achat d'une entreprise et sa juste valeur selon les normes IFRS. Par exemple, si une entreprise en achète une autre pour 100 millions d'euros alors que sa valeur économique n'est que de 80 millions alors le goodwill sera de 20 millions d'euros. Ce phénomène a eu un fort impact sur la création de la bulle technologique : les investisseurs sur-achetaient des sociétés qui faisaient des pertes mais pour lesquelles ils avaient de fortes attentes en terme de bénéfices. Par la suite, ces entreprises durent passer en perte ces écarts de valorisation dans leurs comptes, en utilisant la méthode de valorisation goodwill, qui consiste à rectifier

---

[4] Stock-options : voir définition en annexe

leur valeur patrimoniale pour tenir compte de leur rentabilité économique réelle.

L'apogée de cette bulle technologique se situe en mars 2000, avec un indice NASDAQ culminant à 5.048 points. En France, France Telecom cotait 200 euros en mars 2000 et perdra 97% de sa valeur pour coter 7 euros en septembre 2002.

II. Le dégonflement de la bulle technologique

A. Déroulement des évènements

Le dégonflement de la bulle technologique peut être décomposé en quatre phases différentes.

1. La phase d'emballement (automne 1999 - printemps 2000)

L'enthousiasme lié au développement des nouvelles technologies accélère la hausse des cours de bourse. Les investisseurs, sans aucun discernement, ne font plus de sélection parmi les entreprises, mais achètent massivement des indices NASDAQ ou CAC 40, car les performances de ces indices (composés en grande partie de sociétés de nouvelles technologies), sont excellentes. C'est la ruée vers l'or : toutes les valeurs montent et la fortune est assurée pour tous. Au même moment, Time Warner, société d'édition, de production cinématographique et d'émissions de télévision est rachetée par AOL, confortant les investisseurs dans leurs croyances en la domination des sociétés de nouvelles technologies.

Mais de nombreuses sociétés ont un résultat économique négatif. Les investisseurs s'aperçoivent que non seulement les bénéfices ne passent pas en positif, mais que les pertes augmentent. De plus, les dépenses sont toujours aussi importantes et les revenus ne décollent pas comme promis dans les business plans. La principale raison est due à un décalage entre le consommateur et ses habitudes de consommation face à ces nouveaux services et produits.

2. La phase de doute (printemps à automne 2000)

Durant cette phase, certains évènements inhabituels se produisent, comme :

❖ l'action France Telecom gagne 20% en une seule journée. Cette hausse liée à l'introduction en bourse de sa filiale internet Wanadoo commence à semer le doute parmi les investisseurs. Le titre est trop largement suracheté.

❖ l'action de la société Global Crossing (société américaine de télécommunications par fibre optique fondée fin 1997) perd environ 60% de sa valeur en quelques semaines, créant un premier choc pour les investisseurs. La forte chute est due à une prise de conscience de certains investisseurs sur la viabilité financière de ce genre de société et à une valorisation excessive de ses actifs en comparaison de ses concurrents.

Ces deux évènements, bien que préoccupants, n'altèrent pas encore la confiance des investisseurs : les cours restent au plus haut. Le CAC 40 atteint même un record le 4 septembre 2000 à 6944 points. En parallèle, d'autres fusions et acquisitions s'enchainent dans le secteur, comme la fusion de Vivendi avec Canal+ et Seagram.

3. La phase de stagnation (novembre 2000 - novembre 2001)

Les quelques craintes semées par les évènements incohérents de la phase de doute commencent à germer : les investisseurs stoppent leur frénésie et commencent à ralentir leurs achats de valeurs liées aux nouvelles technologies. Ils s'aperçoivent que les bénéfices ne sont pas au rendez-vous, que les pertes augmentent et sont parfois démultipliées.

Finalement, ces nouvelles sociétés s'avèrent moins rentables qu'on ne le croyait. Les analystes ont émis des prévisions à moyen terme trop optimistes et la dette semble trop importante en comparaison de la rentabilité des sociétés.

De plus, les fusions et acquisitions couteuses, ajoutées aux dépenses de fonctionnement trop importantes, font que les bénéfices ne décollent pas comme promis dans les business plans et alourdissent les dettes déjà pesantes. Finalement, ces sociétés ont des difficultés à rembourser leurs dettes, qui s'aggraveront sérieusement quand les taux directeurs de la Fed commenceront à remonter.

INFLUENCE DES TAUX DIRECTEURS : les taux directeurs sont fixés par la banque centrale d'une union monétaire ou d'un pays. Ils permettent à la banque de réguler l'activité économique et l'inflation. La banque agit ainsi sur le coût du crédit et la rémunération des liquidités. Les différentes banques du pays déposent leur argent à la banque centrale, qui rémunère le dépôt à un certain taux qu'elle fixe. Plus le taux de rémunération du dépôt diminue, moins les banques sont tentées de laisser leur argent à la banque centrale et plus elles vont prêter aux entreprises et aux ménages. Par ce mécanisme, les banques centrales se servent donc de ce taux pour relancer ou ralentir la croissance et la consommation du pays.

---

4. La phase de panique (de décembre 2001 à février 2003)

Le 2 décembre 2001, la société Enron (spécialisée dans l'énergie et les matières premières) fait faillite. Grâce à des montages complexes et des manœuvres frauduleuses de la part de son PDG, la société avait réussi à dissimuler ses pertes et à tromper les investisseurs (voir paragraphe sur les grandes manœuvres frauduleuses). Les investisseurs paniquent, tandis que d'autres grands groupes font faillite : Winstar Communications, Viatel, Global TeleSystems... Dans le doute, les investisseurs tentent de vendre leurs valeurs High Tech, faisant massivement chuter leurs cours. Le 9 octobre 2002, le Nasdaq atteint son plus bas depuis dix ans.

La récession économique commence alors dans ce secteur puis s'étend dans l'économie en général. Par exemple, les profits cumulés par les sociétés cotées au NASDAQ entre 1995 et 2000 font place à une perte équivalente en seulement quelques mois. Aux Etats-Unis, environ 210 sociétés de nouvelles technologies font faillite. Parmi elles, seulement quelques unes parviendront à maintenir leur activité : Google, Yahoo, EBay, Amazon.

Le krach boursier annonce la fin de la bulle internet. Le CAC 40 perd plus de la moitié de sa valeur en deux ans : il s'effondre à 2400 points le 12 mars 2003 alors qu'il cotait 6944 points en septembre 2000. Les trois sociétés les plus endettées, France Telecom, Vivendi et Alcatel, perdent chacune plus de 90% de leur valeur sur l'année 2002. Leurs PDG se plaignent des agences de notation[5], qui leur attribuent de mauvaises notes. Par exemple, l'agence Standard & Poor's a baissé la note de la société Vivendi en 2002, la déclassant de la catégorie « investissement » (peu risquée) à la catégorie peu enviée « spéculative » (ou junk bonds). La conséquence de l'abaissement d'une note est l'alourdissement des conditions d'accès au financement du groupe: les entreprises plus risquées empruntent à des taux de crédit plus élevés. Ces changements de notations des agences sont fondés mais arrivent trop tard, il aurait été pertinent d'avoir une révision progressive des notes à la baisse au fur et à mesure de l'augmentation de la dette et de la dégradation de la santé financière des entreprises et non pas au plus bas des marchés actions. Cette erreur va se reproduire pendant la crise des subprimes.

B. Les facteurs aggravant la crise

A partir des années 2000, la crise fait apparaître des manœuvres frauduleuses menées par quelques sociétés ainsi que certains analystes financiers peu scrupuleux, contribuant à la perte de confiance et au krach boursier.

1. Les grandes manœuvres frauduleuses

Enron était une société cotée spécialisée dans le gaz naturel, et dans le courtage en électricité. Grâce à la création de milliers de sociétés offshore par le PDG du groupe, Jeffrey Skilling, dans des paradis fiscaux, Enron transforma ses emprunts en contrats commerciaux. Cela permit de gonfler les résultats du groupe et

---

[5] Définition et rôle des agences de notation en annexe

d'abaisser les risques de crédit. Ces emprunts furent garantis par l'action Enron. Lors de la chute des marchés, les banques partenaires durent demander des compensations ou des remboursements, en raison de la baisse de l'action Enron, qui ne couvrait plus les garanties, ce qui fit réapparaître les dettes importantes dans la comptabilité du groupe.

De plus, en accord avec le cabinet d'audit Arthur Andersen, le gaz fut comptabilisé en valeur de marché et non pas en valeur historique. Cette méthode rendit les résultats du groupe très volatiles (cf. graphique des prix du gaz aux Etats-Unis). A l'automne 2001, le PDG vendit massivement ses actions Enron, alors que leur valeur baissait, et encouragea parallèlement ses employés à en acheter, leur faisant croire à un rebond du titre. Avec la chute du prix du gaz, qui fit mécaniquement baisser les résultats, et la réintégration de la dette dans le bilan du groupe, Enron, pris à la gorge, fit faillite en décembre 2001 emportant avec lui le cabinet Arthur Andersen.

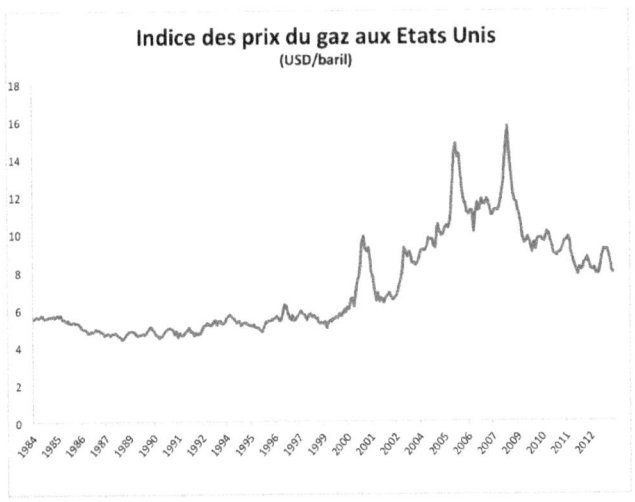

Indice des prix du gaz aux Etats Unis
(USD/baril)

Source: www.eia.gov

WorldCom, le second opérateur téléphonique aux USA fait faillite en 2002 en laissant plus de 40 milliards de dollars de dette. Son PDG, Bernard Ebbers, sera condamné à 25 ans de prison pour avoir réalisé la plus grande fraude comptable de l'histoire américaine, en augmentant fictivement de plus de 10 milliards de dollars le chiffre d'affaires de son entreprise. En effet, les juges lui reprochent d'avoir ordonné la falsification des comptes de sa société à partir de l'été 2000, alors que le secteur des télécoms commençait à subir la crise découlant de l'explosion de la bulle internet. Le cabinet Arthur Andersen, déjà impliqué dans l'affaire Enron, était commissaire aux comptes de la société. Cette fraude restera la plus importante de l'histoire américaine jusqu'à celle de Madoff en 2008.

2. Le krach des analystes financiers

Avant la création de la bulle internet, les analystes travaillaient dans l'ombre. Ils avaient pour mission de décrypter, à travers les bilans, comptes de résultats et les réunions d'information avec les sociétés, la véritable santé financière de ces dernières. Mais avec la financiarisation de l'économie et la demande croissante d'informations financières, les analystes devinrent les « seuls interprètes compétents » des comptes des entreprises. Leur rôle est alors de plus en plus important, ils prennent une place prépondérante dans le paysage économique et financier et influencent fortement le choix des gérants de fonds et des investisseurs en général. Cela finit par engendrer des dérives : en mai 2002, la SEC[6] mène une dizaine d'enquêtes sur le compte d'analystes financiers peu scrupuleux.

Pour citer quelques exemples :

❖ l'action World Com avait été recommandée avec insistance par Jack Grubman, analyste de la banque Salomon

---

[6] SEC : « Securities and Exchange Commission ». Organisme fédéral américain chargé du contrôle et de la réglementation des marchés financiers. On peut le comparer à l'AMF (Autorité des Marchés Financiers) en France.

Brothers et ami du PDG de WorldCom. Il fut plus tard banni de la profession,

❖ le procureur de l'Etat de New-York, Eliot Spitzer, poursuivra des analystes et des courtiers pour conflits d'intérêts, qui seront sanctionnés par des amendes pour fraude financière,

❖ en France, certains analystes se voient reprocher leur soutien à Jean-Marie Messier, PDG de Vivendi à l'époque qui avait diffusé de fausses informations sur les comptes de la société,

❖ enfin, de nouvelles méthodes d'évaluations d'entreprises, moins traditionnelles, apparaissent pour « s'adapter » à la nouvelle économie. Grâce à ces méthodes d'évaluation, les analystes transforment les entreprises très déficitaires en opportunités d'investissement. Ainsi, les trois ténors du CAC 40, France Télécom, Vivendi et Alcatel réaliseront d'énormes pertes dues aux dépréciations de Goodwill des investissements réalisés les années précédentes. Le Goodwill devient dans ce cas le Badwill, c'est à dire une perte. Ces pertes obligeront l'actionnaire principal de France Telecom, l'Etat Français, à soutenir la société et à procéder à une augmentation de capital.

Le déclin des différentes valeurs boursières révèle un manque de confiance suite aux différents scandales et aux valorisations déraisonnables de certaines entreprises. La crise s'installe dans l'ensemble de l'économie et les sociétés peinent à trouver des capitaux. De plus, les investisseurs, et plus particulièrement les petits épargnants, perdent une grosse part de leurs investissements en actions. Cette défiance entraine une chute généralisée des indices boursiers, affectant tous les secteurs de l'économie.

Le dégonflement de la bulle technologique et la chute boursière se poursuivront jusqu'en Mars 2003.

III. Création de la bulle financière

A. Le retour à la hausse des marchés financiers

A partir de mars 2003, on assiste à un retour à la hausse des marchés financiers qui se poursuivra jusqu'au début de l'été 2007. Ce retournement est principalement dû à la purge des marchés des années 2000 à 2003, à l'assainissement des comptes des entreprises et des valeurs technologiques en particulier, à un retour à la normale des niveaux de valorisation et à la baisse des taux directeurs par la Fed.

Ce retour à la hausse s'accélère à partir du mois de juin 2003. Le 25 juin, le président de la Banque Centrale Américaine, Alan Greenspan, déjà engagé dans une politique de baisse des taux directeurs depuis début 2001, finit par abaisser le taux directeur de la Fed à 1%. Cette baisse a pour but de relancer une économie vacillante et d'endiguer la chute vertigineuse des marchés financiers. De plus, les taux étant historiquement faibles en 2003, la croissance mondiale repart, tirée en même temps par les forts taux de croissance des pays émergents et de la Chine en particulier, mais aussi par la spéculation, les investisseurs institutionnels profitant de liquidités abondantes et bon marché.

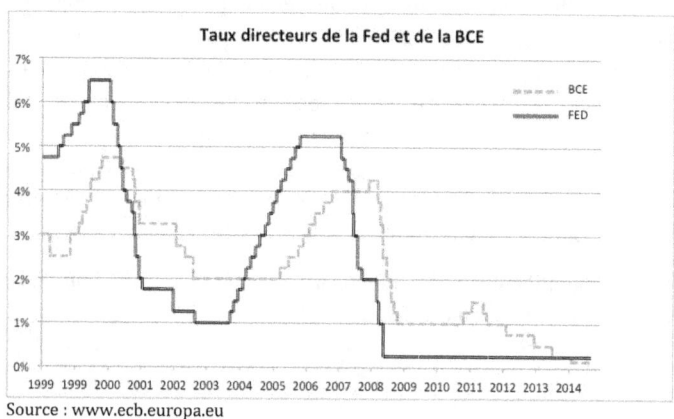

Source : www.ecb.europa.eu

Pendant cette période, toutes les banques à travers le monde développent leur activité de banque d'investissement, qui s'avère extrêmement rentable. Par exemple, en France, seule la Société Générale était spécialisée dans ce domaine. Les banques dites « de réseau » finissent par développer cette expertise elles aussi, comme le Crédit Agricole avec l'achat du Crédit Lyonnais, ou la BNP avec le rachat de Paribas en 2000. En parallèle de ces croissances externes, elles développent leur département BFI (Banque de Financement et d'Investissement), qui avait commencé à se développer dans les années 90.

A partir de 2004, le résultat économique des banques explose littéralement à la hausse et le secteur financier (regroupant les banques, assurances, holdings financières et services financiers) devient le premier secteur des indices boursiers, soit environ 40 % de l'indice CAC 40 et 50% de l'indice IBEX Espagnol au plus haut de la bulle financière.

B. La création de la bulle immobilière aux Etats Unis

En juin 2012, le Président Georges W. Bush donne pour objectif d'augmenter le nombre d'accédants à la propriété à plus de 5 millions de foyers, en accordant des milliards de dollars en crédit d'impôts et subventions. Les sociétés Freddie Mac et Fannie Mae[7], autorisées à prêter et à garantir des prêts d'autres institutions financières, s'engagent à hauteur de 440 milliards de dollars afin de garantir l'organisation « Neighbor Works America » lancée par l'Etat, permettant l'accession à la propriété des minorités.

En parallèle, les banques commencent à accorder de plus en plus de prêts immobiliers aux particuliers : entre 2002 et 2003, le taux de refus des prêts immobiliers aux Etats Unis est de seulement 14%, soit la moitié du taux observé en 1997. Cela entraine une augmentation des prix de l'immobilier, avec une hausse de 10% sur cette même période. Les Etats les plus impactés par cette hausse sont les plus peuplés : Californie, Floride et Etats du Nord-Est.

Après la baisse du taux directeur à 1% par la Fed, encourageant les banques à prêter aux particuliers, on assiste à un record historique du nombre d'accédants à la propriété proche des 70 % aux Etats Unis. Fannie Mae et Freddie Mac achètent alors pour 434

---

[7] Fannie Mae et Freddie Mac : voir définition en annexe

milliards de dollars en obligations liées à des prêts à risques (subprimes).

DEFINITION DES SUBPRIMES : Les subprimes sont des crédits à risque caractérisés par une combinaison de taux d'intérêts variables et fixes, accordés à des foyers à faible revenus. En contrepartie de critères d'attribution plus souples que pour des crédits classiques, les intérêts à payer sont plus élevés. Pour que le crédit soit intéressant pour l'emprunteur, les banques et organismes de crédit spécialisés proposent des taux bas en début de prêt (pendant les deux premières années), puis une forte augmentation du taux par la suite. Ces prêts représentent globalement un taux plus élevé pour l'emprunteur et un rendement plus important pour le prêteur afin de compenser le risque de non remboursement. Par ailleurs, ce risque est généralement limité par la garantie hypothécaire prise sur le logement de l'emprunteur : si l'emprunteur ne peut plus faire face aux échéances de remboursement de son crédit immobilier, le prêteur se rembourse sur la revente du logement.

Pour ne pas avoir à payer les taux d'intérêts élevés, les emprunteurs revendaient leur logement avant l'échéance des deux ans et encaissaient la plus-value importante réalisée grâce à la hausse du marché de l'immobilier.

En octobre 2004, la SEC (Security and Exchange Commission) suspend les règles prudentielles encadrant le capital pour cinq grandes firmes : Goldman Sachs, Merrill Lynch, Lehman Brothers, Bear Stearns et Morgan Stanley. Précédemment, ces banques devaient, pour accorder un prêt, garder une part importante de leurs fonds propres (une certaine somme mise de côté par sécurité).

Libérées des limites réglementaires concernant leur endettement, le taux de levier des cinq grandes firmes augmente très fortement à 20, 30 voire 40 pour 1. Cette modification des règles sur le capital va permettre de multiplier de façon exponentielle le montant et le nombre de crédits, et par conséquent la taille de leur bilan.

La bulle immobilière commence alors à prendre de l'ampleur : en 2004–2005, en Arizona, Californie, Floride, à Hawaii et au Nevada, on observe des hausses de prix record de plus de 25 % par an.

En septembre 2005, le recours à l'effet de levier[8], qui a une forte rentabilité et induit un niveau de risque élevé, s'étend aux petites banques. En effet, la Réserve Fédérale, la FDIC[9] et l'OCC[10] autorisent la diminution des réserves obligatoires pour les petites banques, leur permettant de s'endetter, ce qui n'était possible que pour les cinq grandes banques principales. Ce phénomène favorise encore plus le développement des crédits immobiliers.

Alors que le paysage bancaire Européen est concentré, aux Etats-Unis il existe un très grand nombre de petites banques. Un réseau bancaire peut être constitué par seulement deux ou trois agences. Lors de la crise financière, ces centaines de petites banques feront faillite.

Finalement, à l'automne 2005, le boom du marché immobilier s'arrête brutalement. Du dernier trimestre 2005 au premier trimestre 2006, les prix médians nationaux entament leur baisse doucement dans un premier temps (-3,5 % sur la période) puis la correction s'accélère jusqu'en en janvier 2009.

---

[8] Effet de levier : voir annexe

[9] FDIC : « Federal Deposit Insurance Corporation ». Agence fédérale américaine dont la principale responsabilité est de garantir les dépôts bancaires faits aux États-Unis jusqu'à concurrence d'un certain montant.

[10] OCC : « Office of the Controller of the Currency ». Bureau indépendant au sein du trésor public américain qui sert à réglementer et superviser toutes les banques nationales.

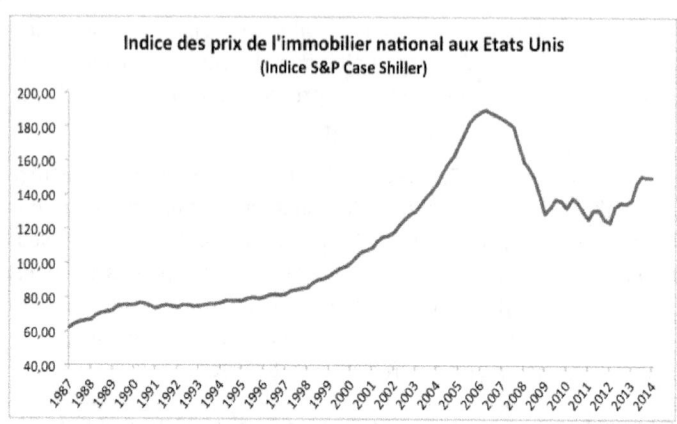

Source : www.spindices.com, Indice S&P Case Shiller[11]

---

[11] Indice S&P case Shiller : indice mesurant la valeur du marché de l'immobilier résidentiel dans vingt régions métropolitaines des Etats Unis

IV. La crise des subprimes et le dégonflement de la bulle

A partir de 2006, on assiste à un important ralentissement du marché de l'immobilier. Les prix stagnent, le volume des ventes de logements baissent et le stock s'accroit. En parallèle, l'indice de la construction neuve chute de 40% par rapport à 2005.

Les crédits subprimes représentent 24% des nouveaux crédits immobiliers en 2006. La demande de biens immobiliers étant décroissante, la valeur de ces biens diminue, entrainant en même temps une baisse de la richesse des emprunteurs. Aux Etats Unis, les propriétaires peuvent emprunter pour des crédits à la consommation en fonction de la valorisation de leur bien immobilier. Plus le bien prend de la valeur, plus ils peuvent consommer. A l'inverse, la baisse de la valeur du bien immobilier réduit leur capacité à consommer. La consommation représente 60% du Produit Intérieur Brut des Etats-Unis.

A. Les causes de la crise des subprimes

La crise des subprimes est initiée puis renforcée par différents facteurs.

1. La remontée des taux d'intérêt engagée par la Fed

Les taux d'intérêt des crédits subprimes sont variables. Ils ont au départ été fixés sur la base des taux directeurs de la Fed, qui étaient bas à l'époque. Mais de 2004 à fin 2006, la Fed a rehaussé ses taux de 1% à 5,25%. Ce revirement, sans doute trop rapide, a pris au piège les ménages endettés essentiellement à taux variables et a ralenti trop fortement la croissance du secteur immobilier, indispensable aux économies développées.

POURQUOI CETTE HAUSSE RAPIDE DES TAUX DIRECTEURS ? Cela est dû à la croissance de l'économie américaine. La croissance entraine une hausse des prix et donc une baisse de la valeur de la monnaie : c'est l'inflation. Pour lutter contre une augmentation brutale de l'inflation, le principal outil est la politique monétaire, grâce à la fixation des taux directeurs.

Aux Etats-Unis, la Fed décide d'augmenter ses taux directeurs pour limiter l'inflation. Ce faisant, la Fed influe sur les principales institutions financières (banques et établissements de crédit) qui à leur tour augmentent leurs taux d'intérêts commerciaux, accordés aux ménages et aux entreprises. La hausse des taux pratiqués par les banques a pour effet de ralentir la demande des ménages et des entreprises. Le ralentissement de la demande fait baisser les prix, entrainant un ralentissement de l'inflation.

2. La titrisation des créances

Les banques et les organismes de crédit, libérés des limites réglementaires (cf. p.20) concernant leur endettement, titrisent une partie de leurs créances afin de les rendre plus liquides.

MECANISME DE LA TITRISATION: les banques, qui émettent des crédits, créent des sociétés intermédiaires dans lesquelles ces crédits constituent des actifs. En contrepartie de ces actifs, la banque émet des obligations, constituant le passif de ces sociétés intermédiaires. Les intérêts et les remboursements des crédits servent alors au paiement des intérêts des obligations émises, et à leur remboursement. L'intérêt principal de la titrisation est de monétiser (rendre liquide et échangeable) des actifs mobiliers privés et commerciaux initialement peu liquides.

Les banques transforment leurs créances en titres émis sur les marchés financiers sous forme d'obligations. Ces obligations, appelées ABS (Asset Backed Securities) et CDO (Collateralized Debt

Obligations)[12], sont proposées aux investisseurs et offrent des taux de rendement attractifs. Lorsque les ménages ont commencé à ne plus pouvoir rembourser leurs prêts immobiliers, ces titres très prisés des investisseurs sont devenus plus risqués et ont commencé à se dévaloriser.

Plus les organismes prêteurs titrisent leurs créances, plus ils ont de fonds propres pour octroyer de nouveaux prêts. En effet, la titrisation permet de sortir les crédits du bilan de ces organismes financiers et donc de libérer des fonds propres pour de nouveaux crédits. De plus, les prêts subprimes titrisés sont mélangés à d'autres produits financiers comme des crédits à la consommation pour être ensuite re-titrisés de nouveau et ceci à l'échelle mondiale. Suite à ces empilements de crédits, il était devenu difficile de savoir quel produit de titrisation détenait des investissements liés aux subprimes et en quelle quantité.

3. Le changement des règles comptables

La crise financière a remis sur le devant de la scène les normes IFRS et la comptabilisation en « juste valeur », ou « Fair Value » en anglais. Avant 2004, la méthode d'évaluation des actifs des banques était la méthode de la « valorisation au coût historique ». Selon cette méthode, les actifs gardaient leur valeur initiale d'achat dans le bilan, même si leur valeur de marché évoluait entre-temps. En 2004, les normes dites de Bâle II [13] firent leur apparition, imposant un changement de méthode de valorisation des actifs, qui sera désormais la méthode en « juste valeur ».

La méthode de valorisation en « juste valeur », ou Mark to Market, consiste à valoriser un actif selon le prix de marché. Autrement dit, la référence pour l'évaluation de l'actif est le cours de bourse du jour de clôture du bilan d'une entreprise.

Cette méthode d'évaluation va poser problème durant la crise : le marché des subprimes s'effondre et entraine une dépréciation des actifs en très peu de temps. Les banques sont obligées de passer

---

[12] Obligations ABS et CDO : voir annexe

[13] Normes Bâle II : voir annexe

des provisions sur ces titres et par conséquent, les bilans des institutions financières et bancaires subissent des pertes considérables.

Pour valoriser leurs bilans, les banques ont trouvé le moyen de détourner ces nouvelles règles comptables. Elles sortent de leurs bilans les créances, les produits dérivés contenant des subprimes, les actifs douteux, etc... Pour cela, elles créent les SPV (Special Purpose Vehicle), qui sont des structures juridiques à part, dans lesquelles elles placent ces produits. Lorsque les banques ont été contraintes de déclarer ces SPV hors bilan puis de les réintégrer, cela a eu pour effet de révéler des pertes colossales et d'altérer le confiance mutuelle entre banques.

4. Le rôle des Hedge Funds

Durant cette période, les Hedge Funds[14], pratiquant la vente à découvert, ont fortement déprécié les actions des institutions financières en vendant massivement à découvert les actions bancaires, entre autres.

LA VENTE A DECOUVERT : le principe est de vendre un actif (une action ou un indice par exemple) que l'on ne détient pas encore mais que l'on achètera plus tard. L'intérêt de l'opération est de parier (réaliser des gains) sur la baisse de l'actif. L'opération sera gagnante si l'investisseur rachète l'actif à une valeur inférieure au prix auquel il l'a vendu.

Par exemple, une action A est évaluée à 10 euros en février. L'investisseur pense que sa valeur va baisser, il va donc la vendre. En mars, la prévision de l'acheteur se confirme et l'action ne vaut plus que 7€. A ce moment, l'investisseur rachète l'action. La plus value réalisée se calcule de la façon suivante : 10 - 7 = 3. Le gain sera donc de 3€ par titre.

Il faut préciser que ce type d'opération est très risquée. En effet, contrairement à l'achat classique, où la perte est limitée au capital investi (si l'on achète une action 5€ et qu'elle perd la totalité de sa

---

14 Hedge Funds : voir annexe

valeur, on perdra seulement 5€), la vente à découvert présente un risque de perte illimité. Prenons le cas précédent: si la valeur de l'action A était passée à 30€ en mars, l'investisseur aurait perdu plus que son capital initial de 10€. En effet, 10-30= -20, il aurait non seulement perdu la totalité de son capital (10€), mais il aurait aussi du rembourser 10€.

La vente à découvert sur actions aggrave la crise financière en raison de la tendance baissière des marchés. En effet, ce type d'investissement permet de réaliser des performances positives en actions dans un marché baissier. En conséquence, les stratégies de vente à découvert augmentent, faisant chuter de plus en plus les marchés actions et poussent certains investisseurs à soit vendre plus pour gagner plus, soit vendre pour se désengorger des risques actions auxquels ils sont exposés.

Pendant la crise, pour essayer de limiter la chute vertigineuse des valeurs bancaires en Europe la vente à découvert fut interdite.

5. Le rôle des agences de notation dans le phénomène de la titrisation

Les agences de notation ont pour tâche de noter les obligations en général, et plus particulièrement entre 2003 et 2007, les obligations émises en contrepartie des crédits titrisés (obligations ABS[15] ou subprimes). Ces agences ont surnoté ces obligations, leur accordant souvent la meilleure note (AAA) pour favoriser leur liquidité. Plus tard, lorsque le marché de l'immobilier a commencé à baisser, les agences n'ont pas réagi assez rapidement. Non seulement elles n'ont pas baissé les notes de ces créances hypothécaires au moment du retournement du marché immobilier pour avertir de la dangerosité de ces produits, mais elles l'ont fait dans un second temps de façon subite et forte, ce qui accentua mécaniquement le risque des porteurs d'obligations et augmenta la défiance envers ces produits. Certaines obligations virent leur note fortement dégradée de AAA à B[16] en très peu de temps. Ce manque

---

15 Obligation ABS : voir annexe

16 Voir système de notation et fonctionnement des agences de notation en annexe

d'anticipation s'était déjà produit lors de la crise précédente, avec l'éclatement de la bulle des nouvelles technologies.

Ces agences ont joué un rôle dans le déséquilibre de la répartition des risques chez les institutionnels. Pour maintenir un risque faible, les règles prudentielles obligent les assureurs à détenir des obligations avec des niveaux de risques bien répartis dans leurs portefeuilles. Par exemple, un assureur peut avoir 79% d'obligations notées AAA, 10% de AA, 10% de B, et 1% de C. Certaines obligations AAA ayant été dégradées en BBB, les assureurs ont été obligés de les vendre pour rééquilibrer le risque global du portefeuille.

Pourquoi les agences de notation n'ont pas réagi plus vite ? D'une part, elles n'ont pas vu la crise arriver, ainsi que son ampleur. D'autre part, la notation de ces produits financiers représente une part importante de leur chiffre d'affaires, une dégradation de ces produits aurait donc imputé négativement leur activité.

Les représentants du G7 ont tenté de réagir face à ces dégradations massives et ont appelé par la suite à plus de transparence dans le travail des agences de notation.

Voici deux exemples concrets :

❖ En novembre 2013, les liquidateurs de fonds de la banque Bear Stearns, rachetée avant la faillite de Lehman par JP Morgan, ont exercé une action en justice contre les trois principales agences de notation, auxquelles ils réclament 1 milliard de dollars.

❖ En 2012, les tribunaux australiens ont condamné l'agence de notation Standard & Poor's pour notation trompeuse. En effet, l'agence avait attribué des notes trop élevées à certains actifs financiers avant la crise de 2008. L'agence décide alors de faire appel de ce jugement et une nouvelle décision est rendue par la cour fédérale en juin 2014. La cour rejette non seulement l'appel formé par S&P, mais alourdi également la peine prononcée en première instance.

Les faits : en 2006, la banque ABN AMRO choisit S&P pour noter la solidité de produits dérivés complexes appelé CPDO

«Constant Proportion Debt Obligations». S&P attribue la note AAA à ce produit, soit la meilleure note. LGFS, intermédiaire financier, revend alors ce produit à des municipalités pour 16 millions de dollars australiens. Ensuite, pendant la crise financière, S&P a dégradé la note de AAA à BBB, entrainant l'effondrement du prix de ce produit. Finalement, les municipalités se sont vues obligées de revendre ces produits CPDO avec une moins-value dépassant les 90%.

Cette condamnation par la justice Australienne est une première mondiale pour une agence de notation. En effet, la plupart des procès intentés le sont principalement aux Etats Unis. En temps normal, les agences de notation peuvent se réfugier derrière le premier amendement de la constitution américaine, qui garantit la liberté d'expression. Seulement, la liberté d'expression n'étant pas garantie de la même façon dans la constitution australienne, la défaite de S&P a été rendue possible.

En 2014, le ministère américain de la Justice cherche encore à récupérer des montants significatifs pour le compte d'investisseurs ayant été lésés par des notes très généreuses accordées par S&P avant la crise.

6. Les rehausseurs de crédit

Le rehausseur de crédit (monoline en anglais) est une société financière très bien notée par les agences de notation (en général AAA) qui contre-garantit un organisme ou un actif financier (souvent des obligations). Par ce mécanisme, le rehausseur de crédit fait profiter à ces actifs financiers de son excellente notation financière et de ses avantages en terme de risques et donc de financement.

Le monoline Aca Financial a vu sa note dégradée de A à CCC (junk bonds) par l'agence de notation S&P. Cet abaissement entraina le prise de provisions et de pertes de plusieurs milliards de dollars dans les comptes du Crédit Agricole et Merrill Lynch pour refléter la dégradation et donc le risque de non garantie du rehausseur de crédit.

B. La propagation de la crise financière à travers le monde avec la crise de confiance et de liquidités

Les institutions financières s'échangent chaque jour des milliards de dollars sur les marchés financiers. De même, les banques se prêtent et se vendent entre elles quotidiennement : c'est le principe des prêts interbancaires.

La crise de confiance commence, en partie, avec l'épisode des fonds appelés « monétaires dynamiques » ou encore « monétaires tiltés ». Ces fonds sont d'une part constitués d'actifs titrisés, auxquels les agences de notation attribuent d'excellentes notes, et d'autre part d'actifs monétaires classiques. Pour les investisseurs, ces actifs sont donc considérés comme sans risque. Cette diversification permettait de « tilter » la performance, c'est à dire de l'améliorer par rapport à la performance d'un fonds monétaire classique.

Au début de l'année 2007, certains de ces produits monétaires commencent à avoir des réactions incohérentes en affichant des baisses significatives, alors que les fonds monétaires n'ont habituellement pas de volatilité[17]. Cette variation anormale est due aux actifs CDO[18], qui se mettent à perdre de la valeur suite aux ventes massives d'investisseurs prudents ou avertis. En raison de ces performances étranges et des rumeurs grandissantes, ces fonds monétaires enregistrent des sorties très importantes et sont obligés de fermer pour cause d'illiquidités de certains actifs (ces actifs ne trouvent plus d'acheteur) et pour maintenir l'égalité des porteurs.

Après ces incidents, les banques commencent à se soupçonner entre elles d'être contaminées par des placements subprimes et hésitent à se prêter, à titre conservatoire. Rapidement, certaines d'entre elles viennent à manquer de liquidités et n'arrivent plus à honorer leurs engagements.

---

[17] Volatilité : c'est l'ampleur des variations du prix d'un actif financier. Cela permet d'évaluer le risque d'un actif donné : plus les variations sont amples, plus l'actif sera risqué.

[18] CDO : voir définition en annexe

Ce phénomène s'aggrave en parallèle avec le changement des règles comptables : les institutions financières sont obligées de valoriser leurs actifs en valeur de marché (valorisation Mark to Market). Face à cette diminution brutale de la valorisation des actifs qui s'accentue au fur et à mesure que les marchés baissent, la confiance mutuelle disparaît et les pertes économiques des sociétés financières augmentent considérablement. L'ingrédient indispensable de tout marché, la confiance, faisant défaut, le marché de prêts interbancaires s'assèche. Ainsi, la crise des marchés financiers passe rapidement aux autres secteurs et à l'économie réelle à travers la réduction de crédits aux entreprises et aux particuliers.

La perte de confiance entraine des faillites de banques et d'assurances qui, obligées de déclarer leur engagements hors bilan (les SPV, entre autres), font apparaître, avec les valorisations Mark to Market, des pertes abyssales. Bear Stearn et Lehman font faillite bien qu'elles soient apparemment en « bonne santé » et AIG, le plus gros assureur Américain, est nationalisé en catastrophe.

En Mars 2008, la banque d'investissement Bear Stearns est rachetée par JP Morgan Chase. Le 15 septembre 2008, la banque d'investissement Lehman Brothers, éternelle concurrente de Goldman Sachs, se déclare en faillite et se met sous la protection du « Chapter 11 » de la loi américaine sur la faillite[19]. A la même date, Bank of America reprend Merrill Lynch, sur le point de faire faillite. Ces trois institutions sont victimes de la crise de liquidités.

De son côté, le gouvernement américain décide de nationaliser l'assureur numéro un aux Etats-Unis, American International Group, ainsi que les deux principaux porteurs de crédits hypothécaires Fannie Mae et Freddie Mac. Cet enchainement de faillites et de nationalisations aggrave la situation de confiance et engendre une chute spectaculaire des marchés financiers.

La situation continue de s'aggraver jusqu'en octobre 2008, principalement en raison de la crise de confiance, qui entraine

---

[19] « Chapter 11 » : chapitre 11 de la loi sur les faillites aux Etats Unis. Ce chapitre prévoit une procédure de réorganisation de l'entreprise en difficulté.

l'illiquidité de nombreux actifs et l'obligation pour les investisseurs de vendre leurs actifs les plus risqués, dont les notes se sont dégradées.

C. Le retour à la hausse

Pour stopper l'hémorragie des marchés financiers, sortir de la crise et relancer l'économie, des plans de sauvetage sont lancés par les gouvernements et les banques centrales des deux côtés de l'atlantique.

Conjointement, la plupart des Etats à travers le monde s'engagent à protéger le système financier, stimuler la croissance et prévenir les futures crises. Ces directives sont décidées par le G7 en septembre 2008, puis le G20 la même année.

1. Le rôle des banques centrales

Fin 2007, la crise financière commence à prendre de l'ampleur. Les banques centrales tentent alors d'apporter une aide aux différentes banques, en leur fournissant des liquidités en grande quantité. En effet, les banques n'arrivent plus à trouver de liquidités sur le marché interbancaire, du fait de la crise de confiance. La Fed et la BCE injectent plus de 300 milliards de dollars dans le circuit monétaire.

Comment procèdent-elles ? Les banques centrales rachètent les créances des banques, en leur fournissant de la monnaie en échange. Les créances sont ensuite remboursées directement aux banques centrales.

2. L'intervention des gouvernements

En septembre 2008, aux Etats Unis, le plan Paulson ou TARP (Trouble Asset Relief Program) est mis en place. Ce plan de sauvetage a pour but de créer une structure de défaisance[20] appelée « banque poubelle » ou « Bad Bank » et de racheter les actifs toxiques pour environ 700 milliards de dollars. Le plan a aussi pour mission de prendre des participations (achats d'actions) dans les grandes entreprises financières de la place de Wall Street.

---

[20] Structure de désendettement

Suite au lancement de ce plan de sauvetage, un mouvement social contestataire d'opposition entre « Main Street » et « Wall Street » apparaît. Main Street, une dénomination du peuple américain et plus particulièrement du contribuable, demande des comptes sur les dépenses qui sont faites dans ces entreprises (soit environ 900 milliards de dollars) et sur les bénéfices que pourra en tirer le contribuable. Main Street refuse de payer pour les erreurs et les abus du « capitalisme » de Wall Street.

L'Europe procède elle aussi, le mois suivant, à un sauvetage. Des garanties étatiques sont mises en place pour le refinancement des banques, ainsi que des mesures de recapitalisation. Le plan de relance économique européen est lancé : la Commission Européenne propose un ensemble de mesures s'élevant à 200 milliards d'euros pour soutenir le pouvoir d'achat et créer de la croissance et de l'emploi. L'essentiel de ces fonds (170 milliards d'euros) provient des budgets nationaux. A travers l'Europe, les Etats renforcent la solidité financière des banques en prenant des participations, pouvant aller pour certaines jusqu'à la nationalisation.

En France, en 2008, l'Etat décide de créer la Société de Financement de l'Economie Française (SFEF). Cette société a pour mission de financer les banques en difficulté, en leur octroyant des prêts à moyen et long terme. En contrepartie, les banques s'engagent à octroyer plus de prêts aux entreprises et aux ménages, afin de relancer la consommation. Depuis sa création, la SFEF a diffusé près de 80 milliards d'euros sur les marchés financiers et prêté environ 77 milliards aux banques. Aujourd'hui, compte tenu de l'amélioration de la situation des banques, l'activité de la SFEF est interrompue.

Seulement, les États, en aidant les banques, ont considérablement creusé leur déficit public. Ces effets négatifs sont apparus dans plusieurs États européens créant ainsi un véritable phénomène de contagion.

V. De la crise des subprimes à la crise de la dette européenne

A. Les causes structurelles de la crise européenne

1. Le rôle de la Banque Centrale Européenne diffère de celui de la Fed.

La Fed a trois missions : la stabilité des prix, la maitrise de l'inflation et du chômage. Les taux d'intérêt doivent aider au maintien d'une croissance économique stable et durable.

En Europe, la BCE a une mission restreinte dans la définition de la politique monétaire de la zone euro qui est de maintenir le pouvoir d'achat et la stabilité des prix. C'est un rôle assez limité en comparaison de celui de la Réserve Fédérale. On a d'ailleurs reproché à la BCE de ne pas assez intervenir dans l'économie lors des crises financière de la zone euro, même si ce n'était pas son rôle. Au moment de la crise, la France estimait que la BCE devait intervenir sur les marchés et racheter la dette des Etats. Mais pour l'Allemagne, cela ne faisait pas partie de ses missions. Le traité de Lisbonne donne d'ailleurs raison à l'Allemagne : il est interdit pour la BCE de faire crédit à une autorité publique et de racheter directement les dettes émises par un pays.

2. Une absence de politique budgétaire, économique, ou fiscale commune en Europe

Il existe un déséquilibre fiscal entre les pays de la zone euro, avec un taux d'imposition plus avantageux dans certains pays : la libre circulation des capitaux, des produits et des services est une règle de base du marché européen. Les entreprises et les personnes peuvent donc choisir librement leurs lieux d'implantation dont dépendra leur imposition.

3. Un euro trop fort dans les pays du « sud »

Les pays d'Europe du Sud (Grèce, Portugal et Espagne) souffrent d'une dette extérieure importante due en partie à une valeur de l'euro trop élevée en particulier par rapport au dollar américain. En 2010, l'euro était surévalué de plus de 20% en Grèce, au Portugal et en Espagne, mais sous-évalué en Allemagne et aux

Pays-Bas. Cet euro « trop fort » pour les pays du sud handicape les exportations et la croissance alors que celle-ci est stimulée dans les pays du Nord. Une telle situation défavorise les exportations et favorise les importations dans le Sud et donc les exportations du Nord, en particulier de l'Allemagne. Ce déséquilibre contribue à dégrader la balance courante et à augmenter la dette des pays du Sud, tandis que le phénomène inverse s'opère au Nord.

4. Une mauvaise appréciation des taux d'intérêts européens

Les pays d'Europe du Nord sont plus rigoureux dans leur politique économique. Historiquement, leurs taux d'intérêts sont plus bas, en adéquation avec leur solidité financière. A l'inverse, les pays du Sud sont moins bien gérés et donc considérés par les investisseurs comme plus risqués, leurs taux d'emprunt sont en conséquence plus élevés. Grâce à l'instauration de la monnaie unique, il y a eu une convergence des taux, ce qui a permis aux pays du Sud d'emprunter à des taux moins élevés. Ces pays ont donc profité de la situation pour emprunter en plus grande quantité, creusant leur dette.

B. Les causes conjoncturelles de la crise

La crise de l'Euro est, en partie, la conséquence de la propagation de la crise des crédits subprimes au marché mondial de la dette. A l'époque, les banques américaines, qui émettent les produits subprimes, les revendent dans le monde entier à tous les acteurs financiers, comme les banques et les compagnies d'assurances. Ces dernières recherchent des rendements élevés pour contrebalancer la baisse des taux d'intérêt, due à la baisse des taux directeurs par la BCE et la Fed[21]. Par exemple, les banques et les assureurs français adoptent ces produits subprimes pour améliorer la performance des fonds en Euros et des produits sans risque, comme le monétaire ou la trésorerie d'entreprise.

La crise des subprimes engendre une détérioration importante des finances publiques dans la zone euro. Les Etats se sont engagés dans des sauvetages couteux de banques, ainsi que dans des plans de relance : aucun pays de la zone Euro ne réussit à respecter le

---

[21] Voir graphique sur la variation des taux d'intérêts

pacte de stabilité et de croissance [22] en 2010. Entre 2007 et 2010, la dette des pays de la zone euro passe de 65% à 85% du PIB[23].

Le premier événement important de cette période est la crise de la dette grecque, puis de la dette irlandaise. Au cours de l'été 2011, les différents indices boursiers chutent suite à l'annonce de l'importance de la dette grecque beaucoup plus élevée que prévue.

C. Les conséquences de la crise

1. Les pays en difficulté : les PIGS

La crise touche particulièrement les pays de la zone Euro, nommés « PIGS » qui sont le Portugal, l'Irlande, la Grèce et l'Espagne (Spain). L'Italie est parfois assimilée à ces « PIGS », on les nomme alors « PIIGS ». La crise de la zone Euro commence véritablement avec la faillite de la Grèce.

Les pays les plus fragiles de la zone Euro tels que l'Irlande, l'Espagne, le Portugal et même l'Italie sont alors assimilés à la Grèce. L'approche n'est pas uniquement fondamentale mais aussi spéculative, puisque les Hedge Funds[24] (fonds spéculatifs) prennent des positions vendeuses qui font baisser les valorisations des obligations de ces pays.

Traité de Maastricht : l'article 121 du traité instituant la Communauté Européenne pose quatre critères de convergence pour les pays membres : la maitrise de l'inflation, de la dette publique et du déficit public, la stabilité du taux de chômage et la convergence des taux d'intérêt.

Les seuils à respecter sont les suivants :

-Le déficit public ne doit pas dépasser 3 % du PIB.

-La dette publique ne doit pas excéder 60 % du PIB.

---

[22] Pacte de stabilité et de croissance : voir annexe

[23] PIB : Produit Intérieur Brut. Selon une définition établie par l'INSEE, il représente le résultat final de l'activité de production des unités productrices résidentes d'un pays.

[24] Hedge Funds : voir annexe

Différence entre déficit public et dette publique : le déficit public est le solde annuel négatif (les dépenses étant supérieures aux ressources) du budget des administrations publiques (l'Etat, les collectivités territoriales, les organismes de protection sociale). Quant à la dette publique, elle correspond au total des emprunts contractés par ces administrations publiques.

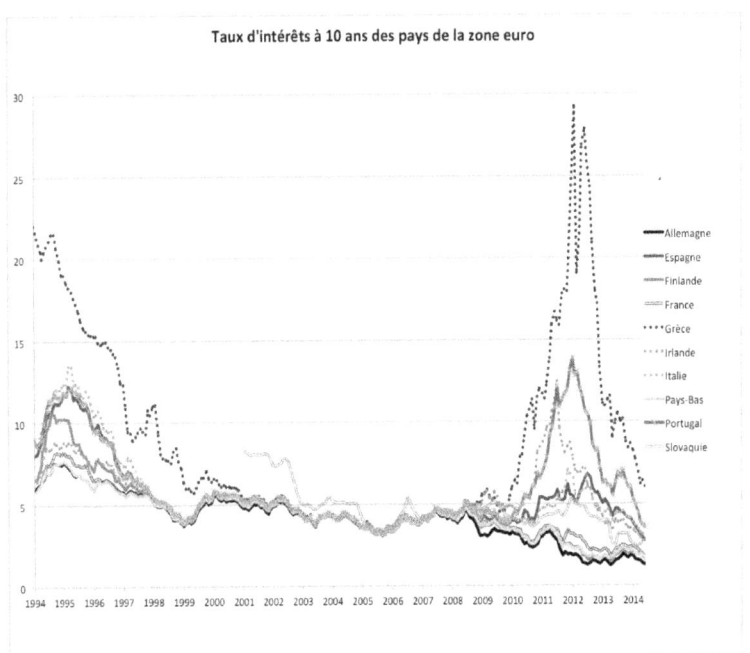

Taux d'intérêts à 10 ans des pays de la zone euro

Source : www.ecb.europa.eu

La Grèce

En novembre 2009, le nouveau premier ministre George Papandréou révèle le déficit public de la Grèce : 21,7% du PIB (selon le traité de Maastricht le déficit ne doit pas dépasser 3% du PIB), soit un déficit 4 fois plus élevé que prévu par le gouvernement. Le pays s'engage alors dans une période de rigueur.

Les déclarations faites par le gouvernement ne parviennent pas à convaincre l'agence de notation Standard & Poor's qui abaisse au mois de décembre la note du pays de A- a BBB+.

En avril 2010, après une longue période de crise aigüe, au bord de la faillite, la Grèce se décide enfin à demander de l'aide. Athènes obtient un prêt de 110 milliards d'euros de la part de l'Union Européenne et du FMI en contrepartie d'un plan de rigueur budgétaire très strict. Les Grecs manifestent, descendent dans la rue, mais le gouvernement résiste. Anticipant une contagion aux autres pays de la zone euro, les dirigeants de la zone mettent en place un mécanisme de sauvetage de plus de 700 milliards d'euros : le Fonds Européen de Stabilité Financière [25](FESF). Le 10 mai, la Banque Centrale Européenne réagit à son tour : elle rachète les titres de dette de l'Irlande et du Portugal aux investisseurs qui veulent s'en débarrasser. L'objectif est d'endiguer la panique et éviter la contagion de la crise grecque au reste de la zone Euro. Un calme temporaire s'installe.

Cependant, le 14 janvier 2011, l'agence de notation Fitch place à son tour la Grèce dans la catégorie des émetteurs en «junk bond» ou « dette pourrie», décourageant davantage les investisseurs. Dans le même temps, le pays, soumis aux protestations du peuple, peine à appliquer le plan de rigueur promis à la communauté internationale. A cette époque, la dette publique de la Grèce atteignait presque 152 % du PIB, alors que la limite fixée par le traité de Maastricht est de 60%. Si la Grèce avait du se refinancer par la vente d'emprunt d'État sur les marchés, elle aurait du payer un taux d'intérêt de 12%, soit quatre fois plus que l'Allemagne.

L'Irlande

La situation en Irlande se distingue de celle de la Grèce dans la mesure où le budget de l'État était bien contrôlé jusqu'à la crise. Par exemple, en 2007, la dette publique n'a pas dépassé 25% du PIB. C'est à partir de 2009 que le pays entre en récession : au premier trimestre de 2009, le niveau du PIB était en baisse de 8,5% par rapport au premier trimestre de 2008.

---

[25] FESF : voir paragraphe sur le traitement de la crise de la zone euro

La crise de la dette irlandaise est au départ une crise de la dette privée et bancaire.. Le marché immobilier, en pleine expansion jusqu'en 2007, est entré en crise et a touché le secteur bancaire de plein fouet. Lorsque l'Anglo-Irish Bank a frôlé la faillite, le gouvernement a décidé de la nationaliser et a accordé une garantie pour tout le secteur bancaire. L'État a ainsi absorbé la dette des banques et l'a transformé en dette publique. En conséquence, la dette publique de l'Irlande a plus que triplé en trois ans et est passée de 24% du PIB en 2007 à 91% en 2010.

En 2011, le gouvernement envisage de réaliser 15 milliards d'euros d'économies en quatre ans, dont 6 milliards la première année. Pour augmenter les recettes, le gouvernement met en place de nouvelles taxes et augmente l'impôt sur le revenu.

Le chômage atteint un taux d'environ 14% en 2011, frappant notamment les jeunes qui optent de plus en plus pour l'émigration. Cela affaiblit la demande intérieure, mais l'industrie exportatrice stimulera la relance économique.

Le Portugal

La crise de la zone euro a révélé les faiblesses que le Portugal a accumulées au cours des dix dernières années. La croissance quasi nulle est caractérisée par une faible productivité et une progression des salaires dérisoire. Les investisseurs, effrayés par la situation et le risque de faillite du pays se mettent alors à vendre leurs titres de dette portugaise, provoquant une hausse des taux de rendement.

Pourquoi cette hausse des taux de rendement ? Par exemple, un titre de dette grecque (obligation) est émis à un prix de 100€, avec un taux d'intérêt de 5%. Ce titre rapporte donc 5€ par an à l'acheteur. Si les détenteurs de titres de dette se mettent à les vendre, le prix va baisser, par exemple à 95€. Mais le taux d'intérêt restera le même, à 5% du prix d'émission, donc le taux de rendement pour l'investisseur augmentera à 5,25%.

Plus tard, ces titres de dette très risqués seront recherchés par les investisseurs car l'Union Européenne, par différents mécanismes, garantira ces titres.

L'agence de notation Fitch finira par baisser la note du Portugal, en raison du déficit du pays, supérieur aux prévisions et aux perspectives de croissance faibles. En 2009, le déficit budgétaire du pays dépasse les 9%. Les investisseurs ne voient plus que ces défauts et certains commencent à vendre leurs titres de dette portugaise, provoquant une hausse des taux. Dans ces circonstances, le déficit en 2009 se montre supérieur aux prévisions et les perspectives de croissance fragiles conduisent l'agence de notation Fitch à baisser d'un cran la note du pays à AA.

A la suite de cela, des mesures d'austérité sont adoptées par le gouvernement : la hausse de la TVA de 21 à 23 %, l'augmentation de l'impôt sur le revenu, la privatisation de certaines entreprises publiques et le gel des salaires dans la fonction publique.

Début mai 2011, le Portugal se trouve en mauvaise posture et demande de l'aide au FMI. Le gouvernement socialiste, mené par le premier ministre José Socrates, négocie un accord avec les délégations de l'Union Européenne et du Fond Monétaire International. Le 4 mai, il obtient un prêt de 78 milliards d'euros, dont 12 milliards destinés au sauvetage des banques du pays en difficulté.

L'Espagne

L'Espagne intègre l'Union Européenne en 1986. A partir de cette époque, elle entame un développement économique spectaculaire dû en partie à la croissance de son secteur immobilier. En comparaison à d'autres États de la zone Euro, la dette publique de l'Espagne est relativement modérée. Les principales faiblesses de l'économie espagnole résident dans un taux de chômage important, autour de 20% (notamment chez les jeunes) et dans une forte chute des prix de l'immobilier, due à l'éclatement de la bulle immobilière.

L'économie espagnole se contracte de 3,7 % en 2009 et ne peut pas enregistrer de croissance positive en 2010. Le premier ministre socialiste José Luis Zapatero présente en janvier 2010 un plan de rigueur de 50 milliards d'euros, applicable sur trois ans, pour réduire l'important déficit de l'Espagne de 11,1% du PIB. Son objectif est de réduire les dépenses de l'État de 4%. Le gouvernement tente de repousser l'âge de la retraite de 65 à 67 ans, déclenchant des manifestations de masse dans les grandes villes du pays, mais finira par y parvenir en 2011.

L'effet des mesures d'austérité disparaît par l'absence de croissance, l'affaiblissement de la consommation freine la relance économique. Après cinq ans de crise, la situation de l'Espagne commence à se rétablir en 2014.

L'Italie

Avant la crise, la dette publique Italienne était déjà l'une des plus importante de toute l'Union Européenne avec plus de 100% de son PIB en 2007. Ce niveau élevé d'endettement n'est donc pas seulement du à la crise de la zone euro mais aussi à une accumulation de dettes antérieures.

Néanmoins, l'Italie est loin des difficultés touchant les autres pays PIGS. Le pays se sort plutôt bien de la crise : même avec un PIB en recul de plus de 5% en 2009, le marché immobilier reste stable. Une des raisons de ce maintien est la détention de la dette en majorité par les Italiens et les banques italiennes.

Concernant les mesures de sortie de crise, en 2011 et 2012 le gouvernement italien établit un plan de rigueur ayant pour but de réaliser environ 25 milliards d'euros d'économies.

D. Le traitement des difficultés et la sortie de la crise

La crise dans la zone euro a engendré un grand nombre de réformes, qui ont permis aux pays les plus en difficulté de résoudre certains problèmes économiques plus anciens.

1. Création d'un mécanisme temporaire de gestion des crises autour du Fonds Européen de Stabilité Financière en coopération avec le FMI

Le 10 mai 2010, l'Union européenne, en coopération avec le FMI, adopte un fonds de stabilisation de plus de 700 milliards d'euros. Ce fonds a pour but de rassurer les marchés financiers et d'empêcher que la crise grecque ne s'étende à l'Espagne, au Portugal et à l'Italie. Initialement doté de 440 milliards d'euros apportés par les Etats, le fonds peut être augmenté jusqu'à 1000 milliards d'euros. Cette somme est empruntée par une structure de titrisation de type SPV[26] et sera utilisée pour acheter la dette des pays en difficulté. La note attribuée par les agences de notation au fonds figure parmi les plus hautes. Le même jour, la Fed collabore et ouvre des lignes de crédit en dollars aux principales banques centrales du monde occidental afin d'éviter qu'elles ne manquent de liquidités. Ce fonds européen de stabilité financière sera remplacé en 2012 par le Mécanisme de Stabilité Financière (MSF).

2. L'évolution du rôle de la BCE

En mai 2010, la BCE autorise les banques centrales à racheter des obligations publiques et privées sur les marchés secondaires[27]. En décembre de la même année, le conseil des gouverneurs vote une augmentation du capital de la BCE.

3. L'évolution du pacte de stabilité

En mars 2011, les ministres des finances des pays de la zone Euro s'accordent pour réformer le pacte de stabilité, afin de renforcer la discipline budgétaire, et d'éviter un endettement excessif. Deux mesures sont prises :

❖ grâce à un ensemble d'indicateurs, la Commission Européenne pourra alerter sur les déséquilibres (par exemple : hausse trop forte des salaires, déficit de la balance des paiements, bulle immobilière, etc.),

❖ les pays dont la dette est supérieure à 60 % du PIB devront rembourser à raison d'un vingtième par an du différentiel entre le montant total de la dette et le seuil des 60%.

Le déclenchement des sanctions qui était auparavant du ressort des pouvoirs politiques locaux et soumis à la volonté des

---

[26] Special Purpose Vehicle : voir annexe

[27] Marchés secondaires : voir annexe

États sera plus encadré, plus automatique de façon à accroître leur crédibilité.

4. La création du pacte pour l'euro

En mars 2011 est créé le pacte pour l'Euro. Il s'agit d'une coordination entre les politiques économiques de chaque Etat. Ce pacte a 4 objectifs : augmenter la gouvernance économique au sein de l'Union Européenne, favoriser la compétitivité et la convergence au sein des Etats, respecter l'intégrité du marché unique et impliquer les Etats membres.

Ces mesures aident la zone Euro à sortir de la crise. En 2013, même si les différents plans de rigueur restent très critiqués, et que la croissance est faible, la dette globale de la zone euro est en baisse pour l'exercice budgétaire (année d'exécution du budget) de 2013, pour la première fois depuis 2007.

Concernant la dette grecque, le gouvernement affiche aujourd'hui des chiffres plutôt rassurants, le pays pourrait même afficher un excédent budgétaire pour 2014. Mais l'économie grecque stagne encore, en raison de nombreux prêts non remboursés, d'une récession qui sévit depuis plus de 6 ans, et d'un taux de chômage atteignant les 28%. Le 17 mars 2014, l'agence de notation Moody's confirme la note Aaa (note maximale[28]) de la zone euro et relève la perspective de « négative » à « stable ».

Même si la crise de la dette semble apaisée, la zone Euro n'est pas à l'abri de la déflation. Fitch indique que «l'inflation en zone euro est déjà la plus basse de toutes les principales économies avancées et les options pour répondre à de potentiels chocs déflationnistes sont plus limitées qu'ailleurs ».

Certains économistes pensent que la zone Euro s'oriente vers une « japonisation » de l'économie. En effet, des signes indiquent que la zone Euro pourrait connaître les mêmes difficultés que celles du Japon au début des années 1990, période d'éclatement de la bulle immobilière japonaise[29]. L'explosion de cette bulle a abouti à

---

[28] Voir fonctionnement des agences de notation en annexe

[29] Bulle immobilière japonaise : voir annexe

une période de stagnation économique, puis de déflation, avec une croissance au point mort pendant une vingtaine d'années. Si on analyse la zone Euro à l'heure actuelle, on peut constater qu'elle traverse en partie les mêmes problèmes qu'avait le Japon après le krach immobilier.

PARTIE II.

IMPACT DES EVENEMENTS IMPORTANTS SUR LES MARCHES FINANCIERS

Dans la première partie, les cinq grandes tendances des marchés financiers sur les vingt dernières années ont été présentées.

Dans cette seconde partie seront exposés les évènements importants de la période. Une analyse de leur impact plus ou moins fort sur les marchés financiers sera effectuée, qu'ils aient contribué ou non à l'augmentation du niveau de stress sur les marchés financiers et dans les médias.

❖ Certains évènements ont eu un impact fort sur les marchés financiers:

L'éclatement de la bulle financière en Thaïlande, la crise asiatique, la crise du LTCM, le 11 septembre 2001, la crise de confiance des investisseurs (mai à aout 2002), la faillite de Lehman Brothers, l'annonce du plan Paulson, le discours de Mario Draghi.

❖ Certains, au contraire, n'ont pas ou peu influencé les marchés financiers :

L'accident nucléaire de Fukushima, la déclaration de guerre en Irak, l'ouragan dévastateur de Katrina, les attentats de Londres, de Madrid, de Boston.

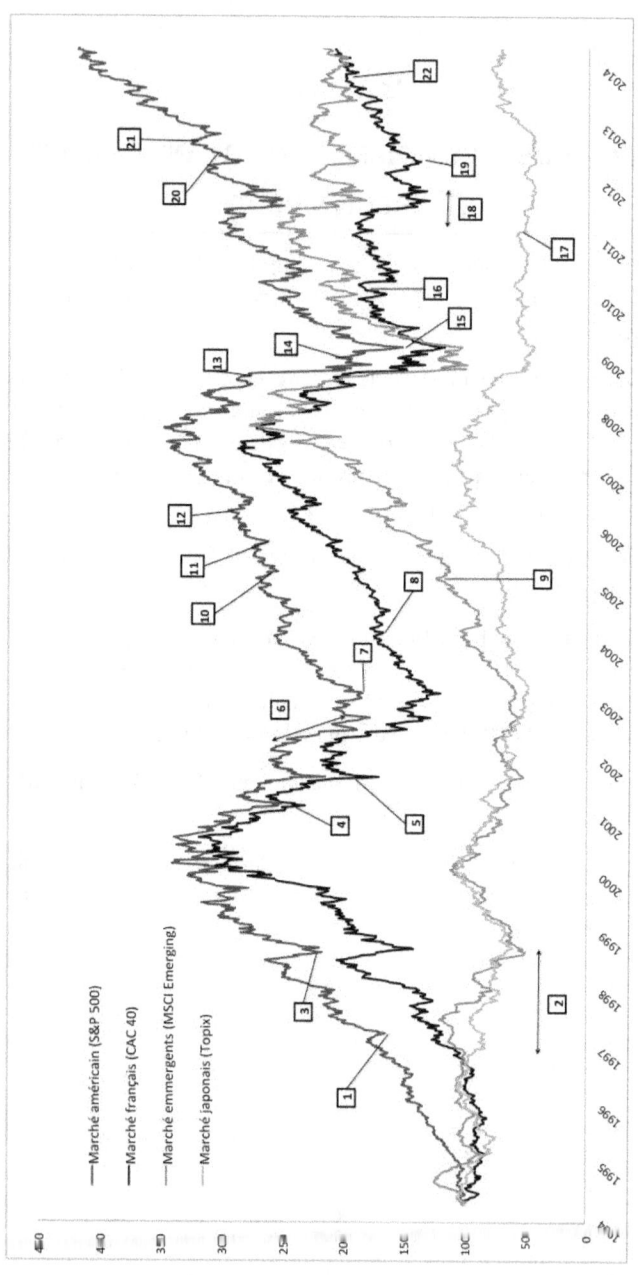

Marché américain (S&P 500)
Marché français (CAC 40)
Marché emmergents (MSCI Emerging)
Marché japonais (Topix)

46

Légende

1. Eclatement bulle financière Thaïlande (janvier 1997)

2. Crise asiatique (juillet 1997 à septembre 1998)

3. Crise LTCM (23 septembre 1998)

4. Chute des valeurs nouvelles technologies (février à mars 2001)

5. 11 septembre 2001

6. Manque de confiance des investisseurs (mai à aout 2002)

7. Déclaration de guerre en Irak (20 mars 2003)

8. Attentats de Madrid (11 mars 2004)

9. Tsunami en Asie du Sud est (26 décembre 2004)

10. Attentats de Londres (7 juillet 2005)

11. Ouragan Katrina (fin aout 2005)

12. Grippe aviaire (avril à juillet 2006)

13. Faillite de Lehman Brothers (15 septembre 2008)

14. Annonce du plan Paulson (septembre 2008)

15. Capitulation des marchés (mars 2009)

16. Dégradation de la note grecque (23 avril 2010)

17. Accident nucléaire de Fukushima (11 mars 2011)

18. Eté 2011

19. Discours de Mario Draghi (26 juillet 2012)

20. Attentats de Boston (15 avril 2013)

21. Début de la baisse du Quantitative Easing (QE) aux Etats Unis (juin 2013)

22. Crise de Crimée (novembre 2013)

I. Les évènements ayant affecté les marchés financiers

A. La bulle financière en Thaïlande

➢ *Voir point n°1 sur le graphe*

A partir des années 1960, les pays asiatiques, notamment la Thaïlande, entament une forte et longue croissance économique. Cette croissance est tirée notamment par l'essor de la production de produits manufacturés destinés à l'exportation.

Cependant, à partir de 1996 plusieurs facteurs impactent le développement de la croissance du pays, comme la diminution des exportations, la dévaluation de la monnaie, le manque de transparence du gouvernement et les mauvaises décisions des institutions financières.

1. La diminution des exportations

En 1996, on remarque les premiers signes de dégradation de la situation macroéconomique en Thaïlande. Les exportations diminuent, surtout dans le secteur du textile, qui sera le plus touché. Les conséquences économiques sont graves, les autorités et le gouvernement refusent d'agir pensant que cette crise est passagère.

Cette baisse des exportations est due à plusieurs facteurs :

❖ le Japon, principal importateur de produits thaïlandais, entre en récession : la demande japonaise diminue,

❖ les productions chinoises commencent à concurrencer les productions thaïlandaises, grâce à une main d'œuvre meilleure marché.

2. L'éclatement de la bulle immobilière

En 1993, le gouvernement Thaïlandais instaure la Bangkok International Banking Facilities. C'est un centre financier offshore [30] permettant aux investisseurs étrangers d'investir en Asie grâce à

---

[30] Entité juridique située dans un autre pays que celui où se déroule l'activité, dans le but d'optimiser la fiscalité ou la gestion financière des capitaux.

des règles fiscales avantageuses. Les Thaïlandais l'utilisent aussi afin d'investir dans leur propre pays, alimentant une bulle immobilière et financière, qui éclatera à l'été 1997.

3. La dévaluation du Baht (monnaie thaïlandaise)

Entre 1995 et 1996, le dollar entame une forte hausse et s'apprécie d'environ 40%. Le gouvernement thaïlandais est contraint de dévaluer le baht. La faible compétitivité de la Thaïlande, cumulée à cette dépréciation du baht, entraine un désintérêt des investisseurs étrangers qui se tournent alors vers le Laos ou le Cambodge. D'autre part, les investisseurs découvrent que les dettes à court terme de la Thaïlande sont supérieures à ses réserves en devises étrangères. Par peur d'une faillite du pays, les investisseurs se tournent vers d'autres pays.

4. Le manque de transparence du gouvernement :

A la même époque, les personnalités politiques font preuve d'opacité sur la situation économique du pays. En effet, il existe en Thaïlande une pratique économique particulière : le clientélisme. Cela se définit par une faveur injustifiée accordée par les hommes politiques aux investisseurs en échange de leurs votes. Ce manque de transparence est renforcé par un manque de communication auprès du public, une absence d'écrits officiels et de mécanismes de surveillance. Dans ces conditions, il est difficile de réguler le développement économique du pays.

Le gouvernement thaïlandais est aussi responsable du développement de la crise pour une autre raison : le cadre législatif est certes favorable aux activités économiques, mais il n'en va pas de même pour le système parlementaire. Ce système parlementaire thaïlandais, très instable, est la source de nombreux coups d'Etat, faisant baisser la confiance des investisseurs envers le pays.

B. La crise asiatique

➤ Voir point n°2 sur le graphe

La crise en Thaïlande, avec l'éclatement de la bulle financière, entraine une crise boursière au début de l'année 1997. Les investisseurs et les acteurs financiers sont de plus en plus méfiants en raison du trop fort endettement à court terme du pays.

L'inflation est toujours élevée, du fait de la présence massive de capitaux qui vont ensuite fuir. Ce phénomène de fuite des capitaux est alourdi par les experts économiques internationaux, qui soulignent le fait qu'aucune institution internationale ne souhaite intervenir pour limiter la crise. Par exemple, le gouvernement américain refuse d'accorder l'aide du Trésor car il considère les difficultés liées à la crise comme « de menus écueils ». Cela entraine une perte de confiance générale dans les monnaies asiatiques. La plupart de ces monnaies se déprécient, comme la roupie indonésienne et le peso philippin. La crise s'étend ensuite à l'automne à la Corée du Sud, Taiwan, Singapour et Hong Kong.

De plus, la situation des banques et des entreprises locales se dégrade rapidement, du fait de leur endettement à court terme en dollars. Elles deviennent alors insolvables. Cette insolvabilité, couplée à la fuite des capitaux, entraine un krach de l'activité économique à la fin de l'année 1997. Malheureusement, les pays ont à cette époque beaucoup de difficultés à exploiter les avantages de la dépréciation de leur monnaie (qui sont principalement les exportations à moindre coût).

A la fin de l'année 1997, 12 pays émergents sont touchés dont le Brésil et l'Argentine. Au mois d'octobre 1997, l'autorité monétaire de Hong Kong achète des actions en grande quantité pour soutenir les indices. Début 1998, la situation s'améliore, pour se dégrader de nouveau par la faute de l'Indonésie. En effet l'Indonésie est fortement touchée par la corruption du système bancaire, des entreprises et de l'Etat. La réglementation financière est absente tandis que le pays connaît une explosion démographique. La crise laisse un bilan très lourd : endettement proche des 140 milliards de dollars, inflation de 60%, chute du PIB proche de 15%. Tout cela est aggravé par les plans Suharto (président de la République d'Indonésie de 1967 à 1998), qui sont incohérents et inadaptés : la crise devient alors politique, entrainant la démission du président.

Dès le printemps 1998, la crise s'étend à l'économie réelle : le pouvoir d'achat des populations baisse, elles n'ont plus la possibilité d'emprunter, en raison des taux d'intérêts élevés. Pendant l'été, la crise gagne d'autres pays émergents, comme la

Russie, entrainant un krach : l'Etat se déclare en cessation de paiement en 1998.

Les pays asiatiques, qui sont fournisseurs en matières premières et en biens d'équipements, voient la demande mondiale diminuer : les cours des matières premières chutent, et la crise devient alors mondiale. Mais l'impact sera de courte durée. Alors que les pays occidentaux craignaient un déferlement des exportations asiatiques sur leurs marchés (en raison de la dévaluation de leur monnaie), l'inverse se produit, du fait de la faiblesse de l'investissement et de l'assèchement des liquidités disponibles dans ces pays. L'impact de cette crise reste donc modéré à l'échelle mondiale.

C. La crise LTCM (Long Term Capital Management)

➢ *Voir point n°3 sur le graphe*

Le LTCM est un hedge fund, crée en 1994, dont la chute en 1998 affecta l'ensemble des marchés financiers internationaux.

Le fondateur du fonds, John Meriwether, lui donne pour stratégie de profiter des opportunités d'arbitrage sur les marchés de taux d'intérêt avec une approche quantitative. La stratégie consiste à surveiller les écarts entre les prix réels et les prix théoriques estimés pour ensuite parier massivement sur des corrections ultérieures en utilisant l'effet de levier[31]. Par exemple, en cette fin de siècle, une des stratégies du fonds est basée sur la convergence des taux des pays européens.

A la suite de la crise asiatique, LTCM parie sur un retour à la normale des taux obligataires asiatiques pour la fin 1998. Mais la crise se propage aux pays émergents, les marchés obligataires varient alors à l'inverse des prévisions de LTCM, qui voit son capital détruit en quelques jours.

Le 23 septembre 1998, alors que LTCM s'apprête à faire faillite, une réunion des présidents des banques d'affaires de Wall Street a lieu, avec pour objectif la recapitalisation du fonds. En effet, ce

---

[31] Effet de levier: voir définition en annexe

fonds pesait alors près de 1200 milliards de dollars soit l'équivalent du PIB français. La rumeur inquiète et les risques liés à l'éventuelle faillite de ce fonds font courir à l'économie mondiale un risque systémique.

D. La chute des valeurs nouvelles technologies de février à mars 2001

> ➢ *Voir point n°4 sur le graphe*

Les chutes simultanées de plusieurs grandes sociétés de nouvelles technologies ont provoqué, de fin janvier 2001 à mi-mars 2001, une baisse exceptionnelle sur l'ensemble des marchés actions.

La chute s'amorce avec l'annonce de mauvaises perspectives de résultats pour certaines sociétés du Nasdaq, comme pour Motorola, Sun Microsystems et Nortel, le géant des équipements de télécom. Le moral des investisseurs est aussi affecté par l'annonce des chiffres d'inflation aux Etats-Unis plus forts que prévus, anticipant une hausse des taux souvent perçue négativement par les marchés actions.

Le lundi 10 mars 2003 sera la pire séance de la période : l'indice Nasdaq plonge sous la barre psychologique des 2000 points (alors qu'il dépassait les 5000 points un an auparavant) et perd plus de 6%, entrainant avec lui le Dow Jones et le Cac 40. Cette baisse spectaculaire est causée par les dernières déceptions sur les valeurs technologiques, comme Cisco qui annonce un plan de suppression d'emplois et Ericsson qui présente de mauvais résultats.

E. Le 11 septembre 2001

> ➢ *Voir point n°5 sur le graphe*

Le 11 septembre, quatre attentats sont commis aux États-Unis à quelques heures d'intervalle et revendiqués par des membres de l'organisation terroriste islamiste Al-Qaïda. Ils visent les tours jumelles du World Trade Center, le Pentagone, ainsi que la maison blanche selon les passagers du quatrième avion.

Ces attentats ont eu un impact fort mais de courte durée sur les différents marchés financiers mondiaux. La bourse de New York s'est retrouvée fermée pendant quatre jours après le crash du deuxième avion. Les échanges se sont aussi interrompus sur le marché obligataire.

Les échanges ne reprennent que le lundi suivant à Wall Street, le 17 septembre. Le pire a été évité : les banques centrales du monde entier se sont mobilisées et la SEC exerce pour la première fois son pouvoir d'urgence pour permettre aux sociétés de racheter leurs propres actions sans restriction. Le Dow Jones n'a baissé que de 7 % environ, pour retrouver, à peine deux mois plus tard, son niveau pré-attentats.

F. Manque de confiance des investisseurs (mai 2002-aout 2002)

> *Voir point n°6 sur le graphe*

Dès le mois de mai 2002, la situation des marchés financiers se dégrade. Les craintes de nouveaux attentats, la crise au Moyen Orient et le manque de vigueur de la reprise économique préoccupent les investisseurs, faisant chuter les indices boursiers. A cela s'ajoute, en juin, la multiplication des affaires relatives aux pratiques comptables obscures ainsi que les incertitudes pesant sur l'endettement des grands groupes européens de nouvelles technologies. Le 25 juin, les marchés connaissent une journée noire, atteignant des niveaux boursiers du 11 septembre 2001.

Les jours qui suivent, la chute s'accentue et la crise de confiance se propage. Les irrégularités dans les comptes de la société américaine World Com déclenchent un mouvement de panique dans un environnement économique déjà incertain et fragilisé quelques mois plus tôt par l'affaire du groupe Enron[32].

La crise continue au mois de juillet, avec la chute de Vivendi Universal, puis d'Alcatel. Mi-juillet, les marchés, au plus bas depuis 1998, ne voient toujours pas le bout du tunnel. Chaque journée

---

[32] voir paragraphe sur les manoeuvres frauduleuses dans la partie sur le dégonflement de la bulle technologique

apporte son lot de mauvaises nouvelles, et le découragement fait place à la panique. La crise se poursuivra jusqu'à la fin de l'été 2002, pour ensuite s'apaiser.

G. La grippe aviaire (avril à juillet 2006)

> ➤ *Voir point n°12 sur le graphe*

Apparue en 2003, la souche H5N1 du virus de la grippe aviaire a tué plus de 250 personnes, principalement en Asie du Sud-Est. En 2006, lors du pic de la crise, le Fonds Monétaire International a calculé qu'une pandémie de grippe aviaire aurait un «impact prononcé mais de courte durée» sur l'économie mondiale

En 2006, selon l'OMS, le développement de la grippe aviaire a atteint le début de la phase n°3 , qui correspond au stade où le virus grippal n'a pas entraîné de transmission interhumaine suffisamment efficace pour entrainer une pandémie.

Les impacts de la grippe aviaire sur le marché :

La grippe aviaire a engendré quelques désordres sur le marché. Certains secteurs sont affectés par la peur de l'apparition d'une pandémie, comme les compagnies aériennes, le tourisme (dans une plus faible proportion), le secteur agricole (volailles, œufs, élevage, abattage et transformation), ainsi que les activités à forte proximité humaine : loisirs, hôtellerie, restauration, grands magasins, transports.

Certains secteurs profitent au contraire de cette peur, comme le secteur de la santé (qui profitera des dépenses engendrées par la production de traitements pour lutter contre le virus), et celui des communications, mais une baisse générale des marchés survient tout de même, concernant surtout les marchés des pays émergents, gros consommateurs de volailles.

H. La faillite de la banque Lehman Brothers

> ➤ *Voir point n°13 sur le graphe*

Lehman Brothers était une banque américaine spécialisée en banque d'investissement et de financement, dont le siège se trouvait à New York. Elle fit faillite le 15 septembre 2008, lors de la crise des subprimes.

A partir d'aout 2007, elle essaie de vendre ses positions sur les crédits immobiliers à risque qu'elle détenait en portefeuille. Ces positions sur les subprimes, qu'elle n'a pas réussi à vendre dans un environnement de méfiance et d'illiquidités, ainsi que le gel du marché interbancaire, entrainèrent sa chute.

En septembre 2008, la banque demande l'aide de l'Etat pour éviter la faillite. A ce moment de la crise, l'Etat avait déjà sauvé plusieurs institutions financières telles que Fannie Mae et Freddie Mac. Finalement, le gouvernement refuse de soutenir Lehman Brothers. La banque se déclare alors en faillite le 15 septembre 2008 faute de liquidités et de soutien des autorités.

La chute de la banque entraine avec elle la bourse américaine et toutes les bourses mondiales. Le secteur financier européen se retrouve en difficulté, comme AXA, qui était le premier actionnaire de Lehman par l'intermédiaire de ses fonds tiers.

La faillite de Lehman Brothers fut un événement systémique pour la finance mondiale, qui ne s'en est pas encore remise six ans après.

I. Annonce du plan Paulson

➢   *Voir point n°14 sur le graphe*

Le Plan Paulson est un plan mis en place par les Etats Unis en septembre 2008 pour contrer la crise des subprimes et les faillites en chaine qui menacent l'économie américaine et mondiale. Ce plan s'appuie sur une loi votée précédemment, proposée par Ben Bernanke et Henry Paulson : l'Emergency Economic Stabilization Act [33].

Au départ, les mesures mises en place par le plan prévoyaient que le Trésor américain rachèterait environ 700 milliards de dollars d'« actifs toxiques » (obligations ABS et CDO[34]). Mais Henry Paulson revoit le plan et le modifie, pour aider directement les entreprises, ainsi le trésor américain prend des participations dans

---

[33] Emergency Economic Stabilization Act : voir définition en annexe

[34] Obligations ABS et CDO : définition en annexe

le capital de certains groupes bancaires fragiles afin de renforcer leur solidité financière. Cependant, le Congrès manifeste son désaccord à de nombreuses reprises, en raison du coût prohibitif de ce plan.

Les places boursières ont anticipé l'approbation du plan Paulson, adopté le 3 octobre 2008 : on observe une hausse des marchés, même si l'annonce du plan ne rassure nullement Wall Street qui attend de voir les effets des mesures sur les établissements en difficulté. En effet, après une hausse marquée, le marché replonge dès le 6 octobre 2008, en raison de la succession de défaillances annoncées la semaine précédente. La bourse parisienne clôture sur une chute de plus de 9 %, sa plus forte baisse quotidienne depuis sa création en 1988. Concernant les autres marchés européens, Francfort perd 7,07%, Londres 7,85%. Wall Street ouvre en forte baisse, passant sous les 10.000 points pour le Dow Jones.

J. Capitulation des marchés

> *Voir point n°15 sur le graphe*

Le 9 mars 2009 les marchés atteignent leur point le plus bas depuis 2003 au terme d'une chute spectaculaire. Les marchés ont perdu tout repère et capitulent. La crise mondiale touche quasiment toutes les classes d'actifs : les actions, les obligations d'entreprises, les matières premières...

Le même jour, les investisseurs renoncent et jettent l'éponge. Pourquoi cet affolement, alors que les gouvernements garantissent les dépôts et que le plan Paulson a été adopté ? Dans cette phase de capitulation, un grand facteur est à prendre en compte : la confiance. Les banques se suspectent entre elles, et les épargnants suspectent les banques : le marché monétaire est figé. C'est la panique à la fois pour les grandes institutions financières, et pour les petits porteurs, qui ne veulent plus prendre de risques. En Angleterre, on a pu voir les épargnants faire la queue devant les banques pour retirer leur argent.

K. Dégradation de la note grecque

➤ *Voir point n°16 sur le graphe*

Au printemps 2010 les marchés européens connaissent les premières difficultés liées à la crise de la dette européenne. A partir d'avril 2010, la Grèce provoque de nouvelles perturbations sur les places financières, entrainant une baisse de l'euro en dessous de 1,33 dollars. Le déficit de la zone Euro augmente fortement et la Grèce fait face à plusieurs révisions négatives de son déficit, ainsi qu'à une dégradation de sa note. A la fin du mois d'avril, les investisseurs restent nerveux du fait du non remboursement de la dette grecque et d'une contamination à toute l'Europe. Dans la foulée, la note du Portugal est aussi dégradée par l'agence S&P.

Fin avril 2010, la bourse de Paris connaît une période baissière, affligée par les craintes des investisseurs envers la Grèce et le Portugal. La chute atteint vite Wall Street, après l'annonce d'une autre dégradation de la note de ces deux pays. Cette crainte est aussi aggravée par les incertitudes sur le plan de soutien de l'Union Européenne et du FMI, liées à la réticence de l'Allemagne.

Les marchés connaissent ensuite une période de stagnation, puis repartent à la baisse à partir de la fin du mois de juin 2010. Cette baisse s'explique par la crainte d'une contagion économique par la sphère financière. En conséquence, les banques souffrent et la Grèce est pointée du doigt : le coût de la protection contre le risque de défaut de paiement du pays est très élevé, atteignant un record. Tout cela est accentué par les commentaires négatifs de la Fed, qui annoncent une conjoncture difficile en Europe.

Fin juin 2010, les marchés sont confrontés à une accumulation de mauvaises nouvelles, minant de nouveau la confiance des investisseurs : croissance chinoise, dettes publiques européennes, liquidités bancaires. En plus de cela, les banques centrales ont déjà fait leur maximum pour essayer d'apaiser la crise. Les bourses continuent de dévisser, en raison des statistiques économiques inquiétantes sur la croissance.

L. L'été 2011

➢ *Voir point n°18 sur le graphe*

Durant l'été 2011, les marchés sont assez perturbés et baissent de façon spectaculaire. La crainte d'une récession mondiale en est le catalyseur.

L'été 2011 est placé sous le signe de l'inquiétude : la croissance reste très modeste depuis 2009 aux Etats Unis, dont le PIB recule de presque deux points et demi. Concernant l'Europe, l'Espagne souffre du dégonflement de sa bulle immobilière, et la Grèce est encore en grande difficulté : de façon générale, la croissance est très molle en Europe.

Quant au contexte financier, il est propice à la baisse. Les banques ont dû faire face à des pertes énormes dues à la crise des subprimes, et leur situation déjà fragile est aggravée par la chute de la valeur des obligations grecques. A tout cela s'ajoute un dernier facteur important : les grands établissements financiers sont l'objet de rumeurs sur leur santé financière, particulièrement en France.

Une forte baisse commence fin juillet 2011, reposant sur les facteurs suivants :

❖ le vote de l'accord Européen d'aide à la Grèce, le 20 juillet : les dirigeants de la zone euro votent un plan d'aide à la Grèce, prévoyant 158 milliards d'euros d'aide. Des oppositions à ce plan ont eu lieu entre la France et l'Allemagne. Dans le même temps, Moody's, dans le doute, place l'Espagne sous surveillance en raison de son déficit budgétaire important et d'une croissance quasi-nulle en 2010,

❖ la dette espagnole mise sous surveillance : Moody's, qui avait déjà baissé la note de l'Espagne de Aa1 à Aa2 en mars, envisage de renouveler l'opération le 29 juillet 2011. Elle justifie sa décision en relevant que l'Espagne a des difficultés à faire appliquer une rigueur budgétaire et que le contexte économique créé par l'annonce du plan de sauvetage de la Grèce accroit le risque pour les investisseurs détenteurs d'obligations publiques,

❖ les agences de notation réagissent au relèvement du plafond de l'endettement des Etats Unis par le Congrès : ce relèvement est indispensable pour payer les fonctionnaires au mois de juillet. Les investisseurs doutent que cette mesure produise une réduction réelle et significative du déficit. Finalement, l'agence de notation S&P dégrade la note des Etats Unis, qui perdent leur AAA – fait encore impensable quelques années auparavant – et qui constitue le véritable détonateur de cette crise,

❖ la rumeur sur les banques : au milieu du mois d'août, un grand nombre de banques françaises sont l'objet d'affirmations erronées. La plus alarmiste touche la Société Générale, par la publication d'un article d'un tabloïd Londonien affirmant que la banque se trouve au bord du désastre, après d'énormes pertes. Malgré le démenti de ces infos par le journal, d'autres rumeurs se propagent, les investisseurs craignent de voir la France perdre son AAA,

❖ un ralentissement économique confirmé : la publication des chiffres des différents PIB européens, à partir de mi-aout, témoigne d'un fort ralentissement économique. Ces chiffres traduisent aussi l'extension de la morosité, notamment au sein du secteur des services. La banque Morgan Stanley prévoit une croissance économique inférieure à 0,5% dans la zone euro en 2012, alors qu'elle avait prévu initialement +1,2%.

M. Discours de Mario Draghi président de la Banque Centrale Européenne (BCE)

➢ *Voir point n°19 sur le graphe*

Dans un contexte de crise et de doute exacerbé, le nouveau président de la BCE, Mario Draghi, s'exprime sur le sauvetage de l'euro par la BCE dans un discours du 26 juillet 2012.

Tous les marchés l'attendaient : « *The ECB (...) is ready to do whatever it takes to preserve the Euro. And believe me, it will be enough* » ("La BCE est prête à faire tout ce qui est nécessaire pour préserver l'euro. Et croyez-moi, ce sera suffisant »). Grâce à ces quelques mots, Mario Draghi sous-entend que la BCE pourra racheter les obligations publiques sur le marché secondaire qui s'était asséché depuis le mois de février.

Ce discours a eu pour incidence de rassurer l'ensemble des places boursières, dans la morosité depuis plus d'un an. Le CAC 40 a gagné plus de 4% en une journée et le taux d'emprunt à 10 ans de l'Espagne s'est considérablement réduit : il passe sous la barre des 7%, alors qu'il était proche des 8% quelques jours plus tôt. Après l'annonce du sauvetage de l'euro par la BCE, le marché repart à la hausse définitivement.

N. La réduction du « Quantitative Easing » - QE

> *Voir point n°21 sur le graphe*

Le Quantitative Easing est une politique monétaire « non conventionnelle » menée par la banque centrale américaine depuis fin 2010. Le mécanisme du QE peut se décrire ainsi : après accord du Trésor Public, la Banque Centrale crée de la monnaie. Mais cette monnaie n'est pas créée physiquement par la banque centrale, ce n'est qu'une ligne de crédit sur son compte. Afin d'injecter l'argent nouvellement créé dans l'économie, la banque centrale achète ensuite des bons souverains (des obligations d'Etat) aux banques et compagnies d'assurance. Ces institutions ont donc de nouvelles liquidités, qu'elles vont pouvoir prêter aux ménages et aux entreprises, ce qui va favoriser la consommation et relancer la croissance. Une fois l'objectif de croissance atteint, la banque centrale doit vendre (en théorie) ses bons souverains puis détruire la monnaie qu'elle a créée, et ainsi éviter l'inflation.

Le Quantitative Easing est indispensable pour relancer la croissance à la suite d'une crise. Mais les banques centrales ne peuvent pas continuer à déverser des liquidités éternellement, elles doivent au bout d'un certain temps réduire la quantité de liquidités injectées. Le 19 juin 2013, Ben Bernanke, président de la Fed[35], annonce que les injections de liquidités opérées par cette dernière pourraient ralentir leur rythme dès la fin 2013, pour s'arrêter totalement en 2014.

---

[35] Fed : « Federal Reserve System » banque centrale américaine, définition en annexe

La réaction des investisseurs ne se fait pas attendre : cette annonce, concomitante à la publication de mauvais PMI[36] en Chine, entraine une forte baisse des marchés.

---

[36] Le PMI, " Purchasing Managers Index ", est l'indicateur de l'activité dans le secteur manufacturier. Il est calculé après une enquête mensuelle réalisée auprès de directeurs d'achat de l'industrie et donne une image immédiate de la santé de l'activité manufacturière.

II. Les événements importants n'ayant pas impacté les marchés financiers

Certains évènements de grande ampleur, comme les catastrophes naturelles ou des évènements politiques majeurs, n'ont pas ou peu affecté les marchés financiers.

A. La déclaration de guerre en Irak

➢ *Voir point n°7 sur le graphe*

Le 20 mars 2003, les Etats Unis déclarent la guerre à l'Irak. Si au départ les marchés financiers étaient tendus, du fait des incertitudes concernant ce conflit, il aura fallu quelques semaines pour que la situation s'apaise.

On observe en effet une légère chute du marché, notamment le 25 mars 2003: l'indice Dow Jones chute de 3,61%, en raison de la résistance de l'Irak et de la demande de Georges Bush d'une rallonge budgétaire pour financer la guerre.

Mais en raison de la tournure positive que prendra le conflit, les investisseurs reprendront confiance et le marché remontera rapidement. Finalement, les dégradations ultérieures de la situation en Irak ne seront pas un sujet de préoccupation pour les investisseurs. « Le marché, très optimiste, préfère aujourd'hui écouter les bonnes nouvelles économiques plutôt que de s'inquiéter de la lente escalade des tensions internationales, analyse Jean-Pierre Petit, chef économique d'Exane. Pour qu'il revienne sur le dossier irakien, il faudrait que cet optimisme économique souffre de quelques déceptions. »

B. Les attentats de Madrid, Londres et Boston

➢ *Voir points n° 8, 10 et 20 sur le graphe*

❖ Les attentats de Madrid

Les attentats de Madrid, revendiqués par des extrémistes islamistes le 11 mars 2004, ont fait près de 1600 victimes. Ces attentats à la bombe, condamnés par la communauté internationale comme un acte de terrorisme, sont les plus importants survenu en Europe depuis 1988.

Les places boursières européennes chutent à l'annonce de la nouvelle. A Paris, le jour même, l'indice CAC 40 baisse de près de 3%, dans la crainte que l'organisation Al-Qaida ne soit l'instigateur de ces attentats. Les secteurs du transport et du tourisme sont très affectés. Mais quelques jours plus tard les marchés français, allemands et anglais se reprennent, puis viendra rapidement le tour de l'Espagne. Les quelques craintes des investisseurs encore présentes finiront par se dissiper une semaine plus tard après l'annonce du maintien de ses taux à 1% par la Fed.

❖ Les attentats de Londres

Les attentats de Londres ont été commis par quatre terroristes islamistes britanniques le 7 juillet 2005 dans les transports publics londoniens, faisant 56 morts et 700 blessés.

Dans un climat de crainte, le Cac 40 recule de près de 2,5% le jour des attentats, tandis que le Footsie perd près de 3,5%. Mais les pertes restent très limitées et la bourse de Londres se redressera après une journée seulement. L'effet des attentats de Londres sur les marchés est bien moindre que lors des attentats du 11 septembre ou que ceux de Madrid, l'année précédente. On peut observer que la résistance des marchés aux actes de terrorisme s'accroit depuis le 11 septembre.

❖ Les attentats de Boston

Le 15 avril 2013, lors du marathon de Boston, deux bombes explosent près de la ligne d'arrivée, tuant 3 personnes et blessant plus de 260 autres.

Le jour de l'attentat, la bourse de New York chute, suivie par les bourses asiatiques. De plus, ces attentats surviennent au moment de discussions décisives sur le budget américain, aggravant la baisse. Les marchés retrouvent pourtant leur stabilité peu après l'attentat.

C. Tsunami en Asie du Sud-Est

➢ *Voir point n°9 sur le graphe*

C'est une des pires catastrophes naturelles et humanitaires depuis un siècle. Le tsunami touche, le 26 décembre 2004, la

Malaisie, la Thaïlande, le Sri Lanka et l'Inde. Le bilan est très lourd : environ 220 000 morts selon l'ONU.

Pourtant, les marchés financiers n'ont enregistré aucune variation : l'indice boursier MSCI Emerging markets ne baisse pas. L'explication de cette absence de variation repose sur l'importance économique limitée de cette zone. Les zones impactées sont principalement les campagnes et les plages, dénuées d'entreprises et de grandes villes.

D. L'ouragan Katrina

➢ *Voir point n°11 sur le graphe*

Fin août 2005, l'ouragan Katrina, un des plus puissant de l'histoire des USA, frappe la quasi totalité le golfe du Mexique et plusieurs Etats américains sont touchés : la Louisiane, le Mississipi et l'Alabama. Certaines villes subissent d'énormes dégâts comme la Nouvelle-Orléans où plus de 200 000 maisons sont détruites. L'ouragan ira jusqu'à occasionner des dégâts important au Québec, sur la côte Est du Canada.

Cette catastrophe, qui fut un choc pour les Etats Unis, n'a pourtant eu aucun impact sur les marchés financiers. La bourse de New York résiste très bien, on observe même une légère hausse. Pourquoi ? Les zones touchées ne représentent que 3% du PIB des Etats Unis. Même si la croissance des Etats Unis diminuera légèrement, une fois le choc récessif passé, la croissance reprendra grâce aux efforts de reconstruction prévus par le pays.

Source : National hurricane center

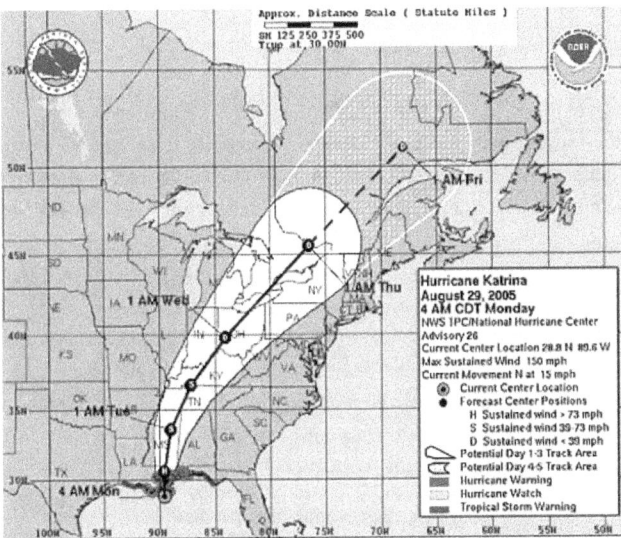

Source : National hurricane center

E. L'accident nucléaire de Fukushima

> ➢ *Voir point n°17 sur le graphe*

L'accident nucléaire de Fukushima a eu lieu le 11 mars 2011 au Japon. C'est un accident nucléaire majeur classé au niveau 7, le plus élevé sur l'Echelle Internationale des Evénements nucléaires. En comparaison, l'accident de Tchernobyl en 1986 était lui aussi classé au niveau 7.

Cet accident n'a eu qu'une influence limitée sur le marché Japonais et son influence est presque inexistante sur les autres marchés mondiaux. Pourquoi ? Le Japon ne pèse que 0,1% dans la croissance mondiale. La reconstruction de la zone après l'accident a même eu un impact positif sur la croissance du pays, zone qui ne représente que 3% du PIB Japonais.

Comme pour les deux évènements précédents (Tsunami de 2004 et ouragan Katrina), la zone touchée n'est pas une zone économique majeure, l'impact financier est donc faible.

F. Annexion de la Crimée

> ➢ *Voir point n°22 sur le graphe*

En novembre 2013, l'Ukraine refuse de ratifier le traité d'association avec l'Union Européenne afin de relancer ses relations économiques avec la Russie. Le traité prévoyait une association politique et économique entre l'Ukraine et l'Europe à travers une législation et des règles économiques communes. A la suite de ce refus, de nombreuses manifestations ont lieu dans le pays, notamment à Kiev, avec l'occupation de la place centrale, la Maïdan Nézalejnosti. La revendication principale est la démission du président Viktor Ianoukovytch. Par la suite, d'autres évènements et manifestations armées de grande ampleur auront lieu pour aboutir à l'annexion de la Crimée par la Russie.

L'impact de ce conflit sur les marchés financiers reste toute de même limité. En effet, même si ce pays de 45 millions d'habitants est aussi vaste que la France, son PIB est 20 fois plus petit.

ANNEXE

ABS : Asset Backed Securities. C'est le principe de base de la transformation d'un actif, souvent tangible, en titre négociable. On peut titriser des biens réels comme un avion ou les droits d'auteurs d'un livre par exemple.

Agences de notation : Une agence de notation est une entreprise ou une institution chargée de la notation financière des collectivités publiques, des Etats ou des entreprises privées.

Les principales agences de notation :

❖ *Standard & Poor's (Nationalité USA)*, membre du groupe McGraw-Hill aussi connue sur le marché américain pour ses indices boursiers comme le S&P 500 représentatif de l'ensemble de l'économie américaine.

❖ *Moody's (Nationalité USA)* est une entreprise cotée en bourse spécialisée dans la fourniture de solutions intégrés de gestion du risque, d'analyse financière et de notation financière.

❖ *Fitch Ratings (Nationalité Française)*, détenue à 60% par la Holding financière Fimalac.

❖ *Dagong* (Nationalité Chinoise), c'est une agence récente dans le paysage économique. Ses notations ont moins d'impact sur les marchés que les trois précédentes agences.

Les agences notent les entreprises contre rémunération, leur clientèle est composée d'entreprises privées mais aussi de collectivités publiques. Leur indépendance est de plus en plus discutée depuis l'affaire de manipulations comptables et la crise financière de 2007 à 2011. En effet, de nombreux investisseurs se plaignent du manque de transparence, de réactivité, des méthodes de notation et des conflits d'intérêt potentiels qui existent.

<u>Exemples de la limite du système des agences et de notations</u> :

❖ lors de la crise des subprimes, les grandes agences de notation donnent souvent aux placements de type CDO la note maximale, ce qui sous entend que leur risque est extrêmement faible à moyen terme comme à long terme. La chute de l'immobilier et le non remboursement des crédits fait rapidement basculer le risque, obligeant les agences de notations à abaisser les notes de ces produits financiers, faisant apparaître des pertes pour les investisseurs,

❖ avant la crise financière, une part significative des revenus des agences de notation vient de la notation des produits titrisés, créant le doute sur un possible conflit d'intérêts. La souveraineté des agences de notations est remise en cause, certaines entreprises refusent même de se faire noter pour ne pas avoir à rendre compte aux agences,

❖ la veille de sa faillite, la banque Lehman Brothers est notée en Investment Grade (note haute) donc avec un risque très faible,

❖ le 10 novembre 2011, en pleine crise de la dette de la zone euro, un mail est envoyé par erreur par l'agence S&P annonçant l'abaissement de la note de la France. Deux heures plus tard un correctif annule cette annonce. Le 3 juin 2014, L'ESMA (autorité européenne des marchés financiers) blâme l'agence de notation S&P pour cette erreur. Elle considère que cette annonce erronée est le résultat de manquements dans le respect des procédures de contrôle que l'agence de notation a mis en place.

CATEGORIE INVESTISSEMENT

Signification de la note	Moody's Long terme	Moody's Court terme	S&P LT	S&P CT	Fitch LT	Fitch CT	Dagong LT	Dagong CT
Première qualité	Aaa	P-1	AA A	A-1+	AA A	F1+	AAA	A-1
Haute qualité	Aa1		AA+		AA+		AA+	
Haute qualité	Aa2		AA		AA		AA	
Haute qualité	Aa3		AA-		AA-		AA-	
Qualité moyenne supérieure	A1		A+	A-1	A+	F1	A+	
Qualité moyenne supérieure	A2		A		A		A	
Qualité moyenne supérieure	A3	P-2	A-	A-2	A-	F2	A-	A-2
Qualité moyenne supérieure	Baa1		BBB+		BBB+		BB+	
Qualité moyenne inférieure	Baa2	P-3	BBB	A-3	BBB	F3	BBB	A-3
Qualité moyenne inférieure	Baa3		BBB-		BBB-		BBB-	

CATEGORIE SPECULATIVE

Signification de la note	Moody's Long terme	Moody's Court terme	S&P LT	S&P CT	Fitch LT	Fitch CT	Dagong LT	Dagong CT
Spéculatif	Ba1	Not prime	BB+	B	BB+	B	BB+	B
Spéculatif	Ba2		BB		BB		BB	
Spéculatif	Ba3		BB-		BB-		BB-	
Très spéculatif	B1		B+		B+		B+	
Très spéculatif	B2		B		B		B	
Très spéculatif	B3		B-		B-		B-	
Risque élevé	Caa1		CCC+	C				C
Ultra spéculatif	Caa2		CCC		CCC	C	CCC	
En défaut, avec quelques espoirs de recouvrement	Caa3		CCC-					
En défaut, avec quelques espoirs de recouvrement	Ca		CC		CC		CC	
En défaut, avec quelques espoirs de recouvrement			C		C		C	
En défaut sélectif	C		SD					
En défaut			D	D	D	D	D	D

69

Bulle immobilière japonaise : La Bulle immobilière japonaise est une bulle économique et financière qui s'est formée au Japon de 1986 à 1990. Dès l'année 1986, on assiste à un gonflement des prix de l'immobilier japonais, surtout dans le secteur commercial. Cette augmentation des prix est largement supérieure à l'inflation, et touche principalement les six principales métropoles.

En 1990, les prix entament leur phase de baisse, la bulle se dégonfle. Ce dégonflement, d'abord modeste, va s'accélérer au cours de l'année 1992 pour ne s'arrêter qu'après 15 années de baisses consécutives en 2005. L'éclatement de cette bulle est accompagné de la chute des indices boursiers japonais, avec un plus bas en 2003 et d'une longue phase de déflation.

BCE : c'est la Banque Centrale de l'union Européenne, dont le siège est à Francfort. Elle fut crée le 1er juin 1981 et a pour mission de définir la politique monétaire de la zone Euro, de maintenir le pouvoir d'achat et la stabilité des prix.

CDO : Collateralized Debt Obligation. Ce sont des obligations adossées à des actifs : catégorie d'ABS constituée de dettes bancaires et d'entreprises. Il existe différents niveaux de risques sur ces actifs, suivant l'émetteur de la dette.

Effet de levier : L'effet de levier est un mécanisme qui multiplie l'exposition à un actif financier, et donc la performance dans la même proportion, qu'elle soit négative ou positive.

Emergency Economic Stabilization Act : communément appelé plan de sauvetage du système financier américain, c'est une loi adoptée en réponse à la crise des subprimes, autorisant le secrétaire au Trésor des États-Unis à dépenser jusqu'à 700 milliards de dollars pour acheter des actifs douteux en particulier des titres adossés à des hypothèques directement aux banques.

Fannie Mae : abréviation de la Federal National Mortgage Association. Société créée par le gouvernement fédéral des Etats Unis ayant pour but de rendre le marché des prêts hypothécaires liquides. Concrètement elle a l'autorisation de prêter et de garantir des prêts à d'autres institutions financières, comme les banques.

Freddy Mac : abréviation de la Federal Home Loan Mortgage Corporation (FHLMC). Société crée dans les mêmes conditions et le même but que la société Fannie Mae. La société Freddy Mac achète des hypothèques, les assemble et les revend à des investisseurs sur le marché mondial.

En 2008, Fannie Mae et Freddy Mac garantissent ou possèdent plus de 5 000 milliards de dollars de prêts hypothécaires, soit environ 40% des prêts accordés aux Etats Unis. Elles seront très durement touchées par la crise des subprimes.

Fed « Federal Reserve System » ou réserve fédérale, est la banque centrale des Etats Unis. Elle a été fondée par le Congrès en 1913 pour créer un système monétaire et financier souple et stable. La Fed a pour objectif de définir la politique monétaire des Etats unis, en contrôlant les taux d'intérêts, en maitrisant le chômage et la stabilité des prix. Elle réglemente aussi le système financier afin de protéger les droits des consommateurs et assurer une sécurité bancaire. Enfin, elle a aussi pour rôle de maintenir la stabilité du système financer et de contenir les risques systémiques qui pourraient survenir sur les marchés financiers.

Hedge funds : appelés « fonds de gestion alternatifs » en français. Ces fonds utilisent des stratégies de gestion qui doivent produire une performance souvent absolue et décorrélée des marchés financiers. Les stratégies (long short equity, global macro, etc..) ont un niveau de risque faible à très risqué. La limite est la transparence de la gestion. Par exemple, le fonds Madoff était un hedge fund dont l'escroquerie a été mise en évidence lors de la crise financière de 2008-2009. Sa gestion très performante et très constante était montage financier frauduleux basé sur le système de Ponzi.

Marché secondaire : On distingue le marché primaire du marché secondaire. Ce dernier met en relation des acheteurs et des vendeurs de titres déjà émis. Une fois qu'une entreprise a émis des actions ou de la dette sur le marché primaire, ces titres peuvent ensuite être échangés librement sur le marché secondaire entre investisseurs.

NASDAQ : Le NASDAQ est l'abréviation de « National Association of Securities Dealers Automated Quotations. C'est le deuxième marché d'actions aux Etats Unis, après le NYSE (New York Stock Exchange), en volume traité. Il est spécialisé sur le secteur des valeurs technologiques.

Normes Bale II et Bale III : Ces normes forment des mécanismes prudentiels destinés à anticiper les risques bancaires et plus particulièrement le risque de crédit. Elles assurent un niveau minimal de capitaux propres, afin de garantir une sureté financière. Les normes Bale sont des directives crées à partir 1988 par le Comité de Bâle.

Pacte de stabilité et de croissance : Le Pacte de Stabilité et de Croissance (PSC) a été conclu entre les pays de la zone Euro afin de coordonner leurs politiques budgétaires. Le PSC impose aux Etats de la zone d'avoir à terme des budgets excédentaires, ou à défaut proches de l'équilibre. Le PSC a été adopté au Conseil Européen d'Amsterdam en 1997 et comporte deux types de mesures :

❖ la surveillance multilatérale, disposition préventive : c'est un système d'alerte qui permet au Conseil Ecofin (regroupant les ministre de l'Economie et des finances de l'UE) d'adresser une recommandation à un Etat ne respectant pas ses obligations,

❖ la procédure des déficits excessifs, disposition dissuasive : si un Etat a un déficit public trop important dépassant le critère des 3% du PIB, le Conseil Ecofin adresse alors une recommandation à l'Etat. Si l'Etat ne réagit pas, le Conseil peut prendre des sanctions : un amende peut être adressé à l'Etat qui devra payer à la BCE une somme allant de 0,2 à 0,3% de son PIB.

SPV « Special Vehicul Funds » ou Fonds Commun de Créance en français. C'est un véhicule de titrisation, regroupant des prêts bancaires illiquides afin d'émettre des actions ou obligations pouvant être revendues plus facilement sur le marché.

Stock options : Une stock option est une option d'achat émise par une entreprise dont l'actif sous-jacent est l'action de cette dernière. Les porteurs de stock options peuvent alors acheter des actions de celle-ci à une date et à un prix fixé à l'avance. Ce système permet aux acheteurs de bénéficier d'un prix plus bas que le marché, et de réaliser une plus-value importante à la revente.

Titrisation : les banques, qui émettent des crédits, créent des sociétés intermédiaires dans lesquelles ces crédits constituent des actifs. En contrepartie de ces actifs, la banque émet des obligations, constituant le passif de ces sociétés intermédiaires. Les intérêts et les remboursements des crédits servent alors au paiement des intérêts des obligations émises, et à leur remboursement. L'intérêt principal de la titrisation est de monétiser (rendre liquide et échangeable) des actifs mobiliers privés et commerciaux initialement peu liquides.

TABLE DES MATIERES